El Cuerpo Astral y Los Universos Paralelos

Natacha Henriquez Paneyko

Natacha Henríquez Paneyko

El Cuerpo Astral y los Universos Paralelos
@viajesdenacho
@escuelarayounico

www.facebook.com/natachahenriquezpaneykoescritora
www.facebook.com/losviajesdenacho
losviajesdenacho@gmail.com
Primera Edición: Julio 2011
Segunda Edición revisada y ampliada: Octubre 2013
Tercera Edición revisada y ampliada: 2018

Copyright® Natacha Henríquez Paneyko

ISBN-13:978-1492780540
ISBN-10: 1492780545
Coordinación editorial:
Diseño Gráfico: Lorena Henríquez Paneyko
Diseño de Portada: Lorena Henríquez Paneyko
Fotografía: María Cristina Travaglio Henríquez
Diseño general: Kharolys Naranjo

Agradecimientos

A mi esposo Luis José por enseñarme el poder del amor; a mis padres José Antonio y María Eugenia por siempre confiar en mí y animarme a completar esta nueva obra. A mi hermano Rodrigo y a su esposa Andreína por su apoyo y sus palabras de aliento. A mi hermana Lorena y a su esposo Roberto por su increíble creatividad en todas las ilustraciones. A mi hermano Javier por recordarme quien soy yo. A todos mis familiares y amigos por su paciencia al escucharme en mi búsqueda de la verdad y por compartir conmigo la alegría de vivir. A mis compañeros de meditación de mi escuela de vida Escuela Rayo Único, por todo lo que he aprendido al escucharlos, han sido mis maestros y honro sus caminos espirituales, cada uno de ustedes me ha aportado una pieza de mi propio rompecabezas de la verdad. Gracias a Luz Estella por su fe en mí, espero que el conocimiento sagrado llegue a cada alma necesitada de luz. Por último, un profundo agradecimiento a mi querido maestro Mikael, por compartir conmigo parte de su sabiduría y demostrarme que Dios es Todopoderoso porque es Amor.

Amadísimo Padre-Madre-Hijo-Espíritu Universal:

Te entrego en servicio mi palabra y mi pluma, me vacío para llenarme de Ti y dejar que me guíes y orientes. Te pido la sabiduría y el entendimiento para reconocer cuando me hablas y fuerza para jamás perder mi Fe. Gracias por tu infinito Amor.

Natacha

Dedico este libro a:

*Mis hijos,
Mariagabriela,
Luis Leonardo
y Ana Karina,
los amaré eternamente.*

"¡Qué de viajes, qué de encarnaciones, qué de ciclos planetarios a atravesar aún, para que el alma humana así formada se convierta en el hombre que conocemos! Según las tradiciones esotéricas de la India y de Egipto, los individuos que componen la humanidad actual han comenzado su existencia humana en otros planetas, donde la materia es mucho menos densa que en el nuestro".

Pitágoras
Les Grands Initiés (Los Grandes Iniciados), 1889
Edouard Schure

Esta es una historia fabulada, pero basada en experiencias reales y en cientos de libros y videos de personas que se han dedicado a trasmitir el conocimiento sagrado desde su particular punto de vista. Espero que este sea solo uno de muchos libros que leas para ir formado tu propio rompecabezas de la verdad.

Este libro está especialmente dedicado a todos los jóvenes. Natacha

Nota al lector:

Hoy he decidido contarle al mundo mi historia, pero antes debo advertirte lo siguiente: si ya tienes más que suficiente con este mundo tridimensional, te pido que no sigas leyendo, y si crees que lo que ves es la única realidad, simplemente cierra el libro. En serio, no quiero ser antipático pero si sigues tu vida cambiará irremediablemente y las únicas pocas cosas que te parecen reales dejarán de serlo. Pero si aun así continúas, te pido abras tu mente porque esto no es un cuento, es real, es mi vida. Nacho

PRIMERA PARTE

Capítulo 1
Mis amigos

Me llamo José Ignacio pero mis amigos me dicen Nacho. Vivo en una pequeña ciudad llamada Aguamiel, mis primos que viven en la capital del país se refieren a ella como un "pueblo", pero para mí es una ciudad. Tengo esa edad en la que todo puede suceder, sin mayores responsabilidades que estudiar y ayudar en las tareas de la casa. Estudio el bachillerato en la escuela Fe y Alegría, que queda muy cerca de casa y puedo llegar a pie.

Antes de explicarles los detalles de mi descubrimiento debo decirles que desde que tengo uso de razón me he sentido diferente, no porque fuese más inteligente que los demás, la verdad es que en la escuela he sido siempre un estudiante promedio. Simplemente sentía que veía las cosas de un modo diferente, y que eso me hacía alguien especial.

Cada vez que en la clase de religión hablaban del cielo y del infierno, comenzaba a moverme incómodo en el pupitre porque esa idea de que en una única vida se decidiera nuestro eterno destino entre ángeles o demonios, me sonaba espantosa. A mí siempre me ha atraído la religión budista, esa que practican en el Tíbet o en la India, y que pudiésemos tener varias vidas, no solo porque parecía de lo más divertido haber sido general romano, samurai japonés, sacerdote egipcio, princesa medieval, caballero templario o navegante vikingo, entre otras muchas posibilidades, sino porque creo injusto que Dios nos hubiese creado para vivir una sola vida, a unos como príncipes y a otros como mendigos, a unos con cuerpos atléticos y a otros parapléjicos, a unos bellos y a otros no tanto, y así, todas las enormes diferencias que los seres humanos presentan al nacer por tener diferentes razas, o por nacer en países ricos o pobres, o simplemente por el género con el que nacen y ni qué decir lo que las distintas religiones pueden influenciar en la vida de un ser humano. Si eres hijo de un mendigo o de una persona famosa probablemente tu vida será radicalmente distinta.

Por eso, cada vez que podía, hacía preguntas que molestaban a la Madre Teresa, nuestra profesora de religión, por ejemplo, preguntaba si Jesús había dicho que solo había cielo e infierno, o si más bien la iglesia había inventado ese cuento para que los niños nos portásemos bien, o si Dios había creado todas las cosas por qué creó al diablo y al mal, y una que la alteraba al máximo: "¿Será que Dios quiere más a unos seres humanos que a otros?" Muchas veces la Madre Teresa me miraba entre sorprendida e indignada y simplemente me ignoraba. Estoy seguro de que ella, en el fondo, también dudaba y por eso se molestaba tanto conmigo.

Entonces, hace unos meses, la vida me dio un increíble regalo. Al comienzo, decidí que era demasiado extraño para compartirlo, pero poco a poco comprendí que eso era justamente lo que debía hacer, hablar de lo que había vivido y aprendido. Así decidí que era hora de explicarles a mis mejores amigos el gran cambio que había ocurrido en mi vida.

Aquel día no podía pensar sino en llegar rápido al colegio. Finalmente lo contaría todo, había tomado una decisión muy importante y debía ver a mis amigos lo antes posible. Mamá me preguntó si me pasaba algo, si había dormido bien. ¿Cómo podía contestar esa pregunta?, la miré y le respondí que volví a dormir con los ojos abiertos, ella – por supuesto– no entendió nada, la verdad es que yo tampoco entendía nada al principio.

En clase de historia, me costaba mucho trabajo prestar atención a lo que la profesora decía acerca de los primeros humanos que poblaron la Tierra. Los temas de la prehistoria siempre me habían llamado la atención porque es increíble imaginar cómo pasamos de monos a humanos y porqué unos siguieron siendo monos y otros no, ¿quién decidió esto?, ¿dónde está el eslabón perdido del que algunos hablan? Pero ese día decidí no preguntar, no quería retrasar a la maestra, realmente deseaba que llegase pronto el recreo para hablarles a mis amigos.

Muy emocionado decidí arrancar una página del cuaderno y escribí una nota a Rodrigo y a Ana Emilia para que me esperaran a la hora del recreo al lado del árbol de taparas. Ellos han sido mis mejores amigos desde pequeños, Rodrigo además vive cerca de mi casa y somos como hermanos. Siempre nos hemos apoyado en todo, estaba seguro de que podría contar con ellos, o al menos era lo que esperaba.

Había reflexionado mucho y durante un tiempo pensé que todo se acabaría, que no haría falta preocuparlos, pero no fue así. Luego comenzaron mis viajes, y en el último de ellos comprendí que ya era hora de contarles, porque lo que había descubierto era un tesoro inmenso. Sabía que debía confiar en ellos, siempre nos contábamos todo y, aunque intuía que mi historia les parecería muy extraña, estaba casi seguro de que no pensarían que estaba loco.

Cuando por fin sonó el timbre del recreo caminé con decisión hacia nuestro lugar de reunión. Avisté a mis amigos con caras de preocupación viniendo hacia mí y cuando nos encontramos me preguntaron si me había ocurrido algo malo. Ya en varias ocasiones, cuando me veían solo y pensativo en la hora del recreo, me habían preguntado si me ocurría algo, pero yo aún no estaba preparado para hablarles, así que les contestaba que todo estaba bien.

Pero así y todo, listo como estaba, primero necesitaba estar seguro de que no se lo dirían a nadie, así que hice que me prometieran silencio absoluto. Luego de tantos formalismos tenían la misma cara de asustados que yo. Nos sentamos en un banco amarillo cerca de la cancha de básquetbol, yo en medio de ambos.

Capítulo 2
Sueños que no son sueños

Empecé a contarles inmediatamente lo que me había ocurrido, tratando de recordar todos los detalles posibles: hace unos meses, comencé a tener unos sueños muy extraños. Sentía que alguien me hablaba pero no lograba saber quién era, veía una luz y luego despertaba angustiado de no haber podido responder. Siempre escuchaba la misma frase: **"Ya es tiempo de que despiertes, te estoy esperando."** Pero como les dije, al abrir los ojos no había nadie, ni ubicaba de dónde venía la voz.

Luego de varias noches teniendo este extraño sueño, me acosté a dormir muy cansado, habíamos tenido partido de fútbol y estaba agotado. Al cerrar los ojos comencé a experimentar algo muy extraño: Al principio sentía como si me estuviesen friendo un huevo en el cerebro, era como una electricidad que venía de la parte de atrás de la cabeza, creo que hoy prefiero llamarla vibración. Trataba de moverme y no podía, mis brazos estaban paralizados y mis piernas también, simplemente mi cuerpo no me respondía. Lo único que parecía funcionar bien era mi cerebro ya que podía pensar con claridad. Créanme si les digo que nunca había estado tan asustado en toda mi vida. Pensaba muchas cosas al mismo tiempo, creía que aparecería la persona que me hablaba en mis sueños, o que estaba en estado de shock. Luego de un rato me sentí atrapado en mi propio cuerpo y comencé a llamar a mi mamá gritando. Varias veces la llamé y, para mi gran asombro, no vino, aunque era imposible que no me hubiese escuchado ya que lo hacía a todo pulmón. Me sentía como en un limbo, atrapado entre dos mundos.

Decidí entonces que debía tranquilizarme porque caí en cuenta de que no estaba realmente despierto, y nadie escucharía mis gritos. Sé que van a decirme: "Claro Nacho, estabas dormido y tenías una horrible pesadilla". Pues debo comunicarles que aunque me crean un loco estoy seguro de que no estaba dormido; estaba totalmente consciente de lo que me estaba pasando y además desesperado por salir de ese extraño estado entre dormido y despierto. Luego de un rato, decidí dejarme llevar, me relajé y entonces desperté, dejé de estar paralizado o como ustedes lo quieran llamar.

Sentí un gran frío en todo el cuerpo, tiritaba de pies a cabeza, me arropé con todas mis cobijas y comencé a pensar en lo que me había ocurrido. Unos días antes había visto en la televisión una película de cómo unos extraterrestres habían secuestrado a unas personas en un pueblo y ellas decían no recordar casi nada, solamente haber visto luces muy brillantes. Lo primero que pensé fue que unos extraterrestres estaban tratando de hacer contacto conmigo mediante el uso de unas ondas eléctricas. Yo no los podía ver ni oír pero en algún momento aparecerían. También pensé que tenía una extraña enfermedad y que mi sistema nervioso estaba siendo afectado. O como mi mamá siempre dice cuando tengo pesadillas, muy bien podían haberme afectado los juegos de video, así me dije que mejor los dejaba de lado unos días. Finalmente, me quedé dormido después de pensar mucho en ovnis y en los distintos tipos de seres extraterrestres que recordaba de las películas que había visto.

A la mañana siguiente, desperté sintiendo que no había dormido mucho. Cuando vi a mi mamá le pregunté si había oído algo durante la noche y me respondió que había dormido muy bien, salvo por una pelea de gatos. Volví a insistir y me respondió que si hubiese habido cualquier ruido ella lo habría sentido porque, desde que nacimos mi hermana y yo, tenía el sueño ligero. Decidí no contarle que estuve toda la noche muy asustado llamándola a gritos y que no me escuchó, la hubiese angustiado mucho. Yo estaba muy seguro de que me diría que fue una pesadilla y no sabría cómo explicarle que cuando uno duerme cierra los ojos y yo gritaba con los ojos bien abiertos, además veía claramente todos los detalles de mi cuarto y observaba atento la puerta a ver si ella llegaba.

A la noche siguiente todo comenzó muy rápidamente. Me acosté muy cansado por no haber dormido bien la noche anterior y al cerrar los ojos comencé a sentir la electricidad o vibración. Esta vez ya sabía que no importaba cuán fuerte gritara, nadie escucharía. Traté de relajarme, abrí los ojos sintiendo la vibración detrás de mi cabeza y, poco a poco, observé mi cuarto. Todo estaba allí, mi escritorio, la silla, la ventana, la ropa tirada en el sofá, mi pelota de fútbol, mis libros. Haciendo un gran esfuerzo de voluntad, y todavía pensando en los extraterrestres esperándome afuera, decidí sentarme en la cama.

Este fue un momento realmente increíble. Al principio me sentí muy liviano, y al mirar por la ventana me percaté de que, aunque era de noche, entraba mucha luz por entre las persianas. Todo estaba extrañamente tranquilo, no puedo decir que estaba todo silencioso pero los ruidos eran diferentes, estaban como amortiguados por una gran paz.

Hice nuevamente un esfuerzo de voluntad, venciendo el temor que sentía me puse de pie, en ese momento sentí como si me despegaba de algo. Les pido que no se rían de mí, digo "me despegué" porque cuando volteé a ver la cama allí estaba, profundamente dormido. Así que me separé de mi propio cuerpo. Yo ya no estaba allí en la cama dormido, por lo menos en consciencia no estaba en ese cuerpo, pero esperaba que pudiese regresar a él. En ese momento me asusté mucho y la angustia de sentir que abandonaba mi cuerpo hizo que me despertara de golpe.

Como ya les conté, no estaba realmente dormido pero no sé cómo explicar que en un instante, volví a mi cuerpo y ya no éramos dos como antes, sino uno. Me quedé acostado pensando en lo que me había ocurrido. Me arropé porque nuevamente sentí un gran frío, como si al volver a mi cuerpo este estuviese sin energía y en un estado casi muerto. Sentía mi cuerpo extraño como si lo hubiese abandonado y nuevamente lo encontrara. En ese momento no podía dejar de pensar en la imagen de mi cuerpo acostado en la cama profundamente dormido. ¿En qué mundo extraño había entrado? ¿Estaba vivo o muerto? ¿Qué pasaría si un día no puedo volver a mi cuerpo? Casi me vuelvo loco esa noche con tantas preguntas sin respuesta rondando en mi cabeza. Pero el pensamiento más interesante era si volvería a sucederme lo mismo.

Transcurrieron varias noches en las que no pasó nada, al despertarme no recordaba ni siquiera el haber soñado con algo. Me alegré de que todo hubiese terminado. Los extraterrestres no me adoptaron, y no parecía estar enfermo, pero había algo dentro de mí que hacía me sintiese como si la vida fuese mucho más de lo que estaba viendo, mucho más amplia y compleja. Siempre he sentido curiosidad por entender el sentido de la vida, en especial de mi vida. Creo que de tanto rezarle a Dios pidiéndole luz para aclarar las miles de preguntas que tengo, Él se hubiese decidido a darme un regalo que debía recibir con los brazos y la mente completamente abiertos.

Luego de varios días pensando en lo que me había ocurrido, una noche, decidí dejar mis miedos de lado y me concentré en mi nuca, necesitaba sentir nuevamente la extraña vibración en la parte de atrás de mi cabeza. Realmente estaba extrañando esa sensación de conectarme – de alguna forma– con el universo.

Comenzó con un cosquilleo seguido de una intensa vibración. Nuevamente me relajé y respirando profundamente dejé que una agradable sensación de paz se apoderara de mí. Luego de un momento, cuando la vibración era más intensa y sentía que estaba en un limbo, decidí sentarme en la cama.

Me observé en la cama dormido, pero esta vez no me asusté, algo por dentro me decía que todo iba a estar bien, que no me preocupara. Me paré y comencé a caminar por el cuarto. Digo "caminar" lo que no es del todo cierto porque lo que realmente hacía era moverme sin sentir el piso en mis pies, con la sensación de flotar. Se observaba una luminosidad en el cuarto aunque la luz estaba apagada y era de noche. Poco a poco pasé la mirada por las cosas que se encontraban encima de mi escritorio. Todas eran parecidas, o al menos todas estaban en el lugar en el cual las había dejado antes de acostarme a dormir, aunque, mirando con atención, me di cuenta de que las cosas no eran exactamente iguales.

En ese momento creo que hubiese preferido ver a unos hombrecitos con cabezas grandes hablando conmigo, al menos esto hubiese sido una explicación extraña pero real a lo que me estaba pasando. Con las siguientes experiencias tuve que descartar la hipótesis de los extraterrestres, definitivamente nadie verde me estaba esperando al pie de la cama.

Trataré de explicarles lo mejor que pueda: imaginen un lugar en el que las cosas no son duras, quizá esa no sea la palabra adecuada, pero no se me ocurre otra, tampoco es que sean blandas, simplemente no tienen ese aspecto denso que uno siente cuando toca las cosas en este mundo aunque las texturas de los objetos se sienten más intensamente. Es como si las cosas tuviesen una profundidad diferente y uno pudiese ver a través de ellas.

Comencé a observar mis manos, estas se veían iguales pero con más aire tal como los espíritus y fantasmas de las películas. Todo mi cuerpo era liviano y etéreo, no obstante, al mirarme al espejo tenía el mismo pelo ondulado, también la misma pijama aunque había una luz a mi alrededor. En ese momento, Ana Emilia puso una cara de asombro que casi me hizo arrepentirme de contarles todo, sin embargo enseguida me pidió que continuara, que creía cada palabra que le decía.

Me acerqué poco a poco a mi escritorio y agarré un libro, se sentía como si estuviese vivo, no tuve que abrirlo para verlo por dentro, en serio, podía verlo y pasar las páginas con mi mente. Lo dejé en el escritorio y miré hacia la ventana. Como la primera noche, la luz entraba por las persianas aunque sabía que el sol no debía estar brillando afuera. Entonces decidí salir del cuarto pero tuve un presentimiento de que lo debía hacer como lo haría un fantasma. No, no se rían, solo escuchen: no utilicé la puerta, tampoco abrí la ventana, estiré una mano y esta atravesó la pared, metí la otra y luego todo el cuerpo, traspasé la pared y de repente me encontré en el jardín de la casa. La sensación fue extrañísima, como si las moléculas de mi cuerpo y las de la pared estuviesen vaporosas y simplemente me hubiese fundido con la pared hasta atravesarla.

En ese momento sonó el timbre que marcaba el final del recreo, Rodrigo no había emitido sonido alguno y Ana Emilia estaba estupefacta pero con cara de felicidad. Me dijo: "es lo más espectacular que he escuchado en mi vida, quiero que sepas que dentro de mí siempre supe que había algo más en este mundo". Y así sin más, decidimos vernos en la tarde en la casa de Eugenia la tía de Ana Emilia que invariablemente nos regalaba para merendar dulce de coco y jugo de papelón con limón.

Luego de contarles a mis amigos parte de lo que me estaba ocurriendo me sentí más tranquilo, al menos no se rieron de mí. No sé si en ese momento me creyeron realmente o si me consideraban un completo loco; al menos se lo había contado a alguien y quizá ellos me ayudasen a comprender mejor este nuevo mundo que se había abierto para mí.

Capítulo 3
El maestro

Esa tarde fui a la casa de tía Eugenia a continuar con mi historia. Mis amigos me esperaban, tan ansiosos de escucharme como yo de contarles mi aventura. Ana Emilia me dijo que no había podido dejar de pensar en mí y que sentía una gran emoción al escucharme porque ella también cree que la vida que vemos día a día es solo una pequeña parte de un gran universo esperando a ser explorado. Rodrigo, con cara perpleja, me dijo que todavía no entendía mucho de todo el cuento, pero le parecía tan increíble que esperaba con ansias la secuencia de mi relato.

Sin más preámbulos, seguí mi narración desde que entré en el jardín de la casa como fantasma atravesando fácilmente la pared de mi cuarto: todo se veía espectacularmente brillante, los colores eran más vivos, más intensos. Me gustaría recalcar que reinaba una gran calma, casi podía respirar paz. En el fondo del jardín donde hay un gran árbol de aguacates, escuché un extraño ruido como de algún pájaro, miré hacia las ramas y vi un animal que aunque parecía un pájaro, era enorme y sus plumas de muchos colores se abrían en abanico, parecía un pavo real pero con patas muy grandes, como las de un águila. Definitivamente era un animal diferente, que pertenecía a ese mundo extraño. En ese momento sentí mucho asombro, estaba entrando y comenzaba a conocer un nuevo y maravilloso mundo.

Seguí caminando por el jardín y allí estaban jugando mis perritas Luna y Aly. Se encontraban encima del muro del lindero, movían las orejas volando como pájaros, pero sin despegarse mucho de la parte alta del muro. También observé que, igual que me ocurría a mí, las perras estaban jugando pero flotaban. Ahora esto sí que les va a sonar cómico: mis perras me hablaron. Me saludaron y pidieron que las acariciara. Bueno, no es que modularan las palabras sino que yo podía escuchar sus pensamientos dentro de mi cabeza, casi por telepatía. Me acerqué y las acaricié, pude sentir que la textura de su piel era diferente, más suave y acolchada. Me quedé allí un rato disfrutando de una creciente sensación de libertad y paz, y comprendiendo que mis perritas eran mucho más inteligentes de lo que nunca me hubiese imaginado.

Todo lo que percibían mis sentidos se encontraba agudizado, veía a mi alrededor muy claramente, sentía en mi piel la caricia de una brisa suave y escuchaba muchos hermosos sonidos a la vez. Ese mundo resplandecía, se veía como si le quitaran a uno un velo oscuro de opacidad que impide el brillo del mundo ante los ojos.

Decidí continuar avanzando hacia la montaña que está detrás de mi casa y noté un resplandor alrededor de unas rocas enormes como de un metro y medio de alto colocadas en forma de círculo. Yo no recordaba haberlas visto antes. Me acerqué lentamente, al lado del círculo de rocas vi una puerta dorada. Tenía relieves de dibujos extraños y, cuando me aproximé hasta casi tocarla, me di cuenta que los dibujos se movían. Había flores de bellísimos colores que se abrían y cerraban. Muchísimas formas geométricas giraban armónicamente, unas hacia un lado y otras hacia el lado contrario mientras emitían sonidos musicales.

Estaba iluminada alrededor por una luz blanca que salía de la propia puerta. Aunque nunca la había visto en toda mi vida, la reconocí, como si en algún lugar de mi mente se ocultara un recuerdo relacionado con aquella puerta.

Me esperaba una nueva sorpresa: desde el fondo de una de las piedras, salió caminando pausadamente un hombre pequeño, como los que salen en las películas de monjes tibetanos que practican el budismo, estaba vestido con una capa azul intenso y tenía la cabeza rapada. Se me acercó, me tocó la frente con el índice de la mano derecha y en ese momento sentí un gran calor en el entrecejo. Se quedó mirándome con una sonrisa serena y luego me dijo: **"Te estaba esperando"**. Me vinieron a la cabeza muchos pensamientos extraños y tuve sensaciones inquietantes. De pronto sentí un remolino y me encontré nuevamente en mi cama, tiritando de frío y con otras mil preguntas sin respuestas.

Hice una pausa en mi relato para ir a comer algo de merienda, yo estaba hambriento porque al llegar a mi casa no había almorzado gran cosa. Nos dirigimos a la maravillosa cocina de tía Eugenia. Como todas las tardes, en la mesa nos habían dejado unos dulcitos de coco divinos y una jarra de jugo de papelón con limón. Realmente, pensé, esto le despeja la mente a cualquiera.

Nos sentamos en el patio de la casa en unos chinchorros atados a dos matas de mango y Ana Emilia me comentó con voz entrecortada: "Increíble pero te creo, cada vez que hablas mi cuerpo completo se estremece como si estuviese escuchando algo trascendental para mi vida, siempre quise que hubiese algo más y con tu historia lo estoy comprobando". En cambio Rodrigo no sabía qué decir, se hallaba muy sorprendido y parecía con algo de miedo a expresar lo que le cruzaba la mente. Me dijo: "Llevo meses presintiendo que algo te estaba pasando, aunque te veías más sereno, como si ningún problema te afectara, te sentía preocupado".

Es cierto, les dije, luego de todo este tiempo he reflexionado mucho acerca de la vida y de lo que debía hacer con todo el conocimiento que estaba recibiendo. Comencé a sentirme abrumado al ver cómo viven los demás, sin siquiera imaginarse los mundos existentes a su alrededor, pero me estoy adelantando y necesito que me sigan escuchando con paciencia.

Así entonces, con el leve balanceo de los chinchorros, continué contándoles: "Estuve varias noches tratando de sentir nuevamente la vibración, sentía mucha ansiedad por hablar con el hombre que estaba en las rocas pero no lograba volver a sentir absolutamente nada. Me concentré muchas veces sin que ocurriese nada, y hasta llegué a pensar que me lo había imaginado todo. Entonces decidí cambiar de táctica, en vez de concentrarme tanto me relajaría lo más posible. Estuve mucho tiempo respirando profundamente, y con cada respiración me sentía más tranquilo. De pronto, comencé a percibir la esperada sensación de vibración en la nuca, cada vez más intensa hasta sentir como entraba en un limbo. En ese momento sabía que ya podía despegarme, o salir de mi cuerpo físico. Igual que en las ocasiones anteriores, me incorporé y poco a poco caminé por el cuarto acostumbrándome a ese nuevo mundo. Una vez más me detuve para observar mi cuarto y decidí salir por la puerta hacia el pasillo. Me acerqué al cuarto de mi hermana y entré, Vicky se encontraba profundamente dormida. Caminé hacia la terraza, allí están unos sofás y en frente está el jardín. Me paré y quedé asombrado de ver que en la grama había unos seres pequeños de medio metro más o menos, muy parecidos a los dibujos de gnomos de los cuentos infantiles. Caminé hacia el jardín y los gnomos comenzaron a rodear mis piernas. No experimenté miedo alguno, lo que sí sentí fue una energía que me recorría las piernas. Me hablaron telepáticamente diciéndome que me quedase tranquilo, también yo les toqué las cabezas uno a uno y les envié mi energía. Fue un intercambio de distintas energías. Poco a poco se fueron apartando de mí y siguieron caminando por el jardín como si yo no existiera.

Decidí entonces continuar subiendo hacia las piedras a ver si encontraba nuevamente al hombre. Busqué con la vista pero no vi a nadie, entonces una voz adentro de mi cabeza me dijo: **"Deja de buscar con tus ojos y hazlo con tu corazón."** En ese momento sentí un gran calor y desde el medio de mi pecho una luz roja se proyectaba hacia adelante. Entonces lo vi, allí estaba nuevamente el hombre de la capa azul intenso, se encontraba sentado en una de las piedras. Esta vez no tuve inquietud alguna, algo me decía que debía escucharle, nuevamente la voz me dijo que lo hiciera con el corazón, no con los oídos, y así lo hice".

Capítulo 4

La cuarta dimensión

El hombre, con una voz muy serena, comenzó a hablar: "**Bienvenido seas a este mundo, y aunque solo es uno de muchos mundos en los que habita tu Ser sin que seas consciente de ello, para los seres humanos este es muy importante. No temas, tú no estás muerto, más bien podríamos decir que estás más vivo que los demás, muchos viven encerrados en las cuatro paredes del mundo de tres dimensiones del que vienes.**"

Tenía miles de preguntas en mi cabeza, y seguía sin articular palabra, aun así el hombre continuó: "**Poco a poco irás tomando consciencia de muchas cosas, y lo digo así, porque estos conocimientos ya los tienes pero debes redescubrirlos tomando consciencia de ellos. De ahora en adelante puedes llamarme simplemente maestro.**"

En ese momento le pedí que me hablara un poco más de ese mundo en el que nos encontrábamos, y me contó que yo había entrado en lo que algunos llamaban mundo astral o cuarta dimensión. Luego nos sentamos en la grama, el maestro se colocó con las piernas cruzadas y me pidió que hiciera lo mismo frente a él. Me miró a los ojos y me ofreció la siguiente explicación: **"Así como todos los seres humanos tenemos un cuerpo físico del cual estamos conscientes, el Ser Humano es mucho más complejo y tiene otros cuerpos diferentes del físico. Estos cuerpos tienen una vibración más rápida a la del cuerpo físico y por esta razón no pueden verse en la tercera dimensión – o mundo físico– a menos que abramos el tercer ojo que es un centro de energía que está ubicado en el entrecejo.**

Uno de estos otros cuerpos se llama Cuerpo Astral y existe en la cuarta dimensión. Esta es diferente de la tercera dimensión o mundo físico, pero aun siendo un lugar menos denso que el físico es tan real como este. Todas las personas del mundo tienen un cuerpo astral. Algunas veces cuando duermen, se despegan del físico y, entre otras cosas, absorben energía del cosmos. Este cuerpo astral no tiene las mismas limitaciones de tiempo y espacio que el cuerpo físico, con él se puede ir y volver en un instante al planeta Marte y sentir que se estuvo mucho tiempo allí.

La apariencia del cuerpo astral es parecida a la del cuerpo físico pero no igual. Por ejemplo, cuando las personas mueren y se encuentran un tiempo en el mundo astral, tienen la apariencia que desean tener y no la que tenían en su cuerpo físico cuando murieron. Una mujer que muere anciana, es muy probable que desee verse como cuando estaba más joven y así será su apariencia en el mundo astral. Igualmente, la apariencia astral puede verse influenciada por enfermedades o estados de ánimo. Si una persona tiene una fuerte gripe y se encuentra congestionada, es posible observar que su cara en el mundo astral tiene manchas negras o grises. Al eliminar en el cuerpo astral estas manchas de energía, inmediatamente el cuerpo físico refleja una mejoría.

Todas las emociones humanas nacen en el cuerpo astral y desde allí son reflejadas en el cuerpo físico, que puede tener sensaciones pero no emociones. Por ello a este cuerpo se le denomina también cuerpo emocional.

El cuerpo astral también puede estar viajando mientras los seres humanos están despiertos. Sucede que nuestra consciencia está en nuestro cuerpo físico y también en el cuerpo astral. En efecto, la consciencia de un Ser se encuentra en todas las manifestaciones de ese Ser, es decir, ese Ser evoluciona en consciencia paralelamente en todos los cuerpos o manifestaciones que tenga.

No debemos confundir al Ser con la personalidad del cuerpo físico. La personalidad del cuerpo físico no es la consciencia del Ser. Por lo tanto, aunque aún no lo comprendas, tu Ser tiene consciencia de todas sus manifestaciones o cuerpos en los cuales evoluciona pero tu mente física sólo tiene consciencia de un solo cuerpo y una sola existencia. Ahora que entras en el mundo astral y tienes conocimiento de este mundo y este cuerpo que pertenece también a tu Ser, comienzas a comprender lo limitada que has tenido tu consciencia física.

Algunas personas recuerdan los viajes de su cuerpo astral, quizá sienten que estuvieron volando en sus sueños, o que algo extraño pasó, pero la mayoría solamente recuerda haber soñado. Muchas experiencias astrales son confundidas con sueños.

Lo más característico de este mundo es que se rige por las emociones y deseos de los seres humanos. Esto a veces es peligroso, ya que una emoción o deseo se traduce en una creación inmediata. Cada pensamiento se vuelve realidad, no solo en el mundo astral sino eventualmente en el mundo físico.

Sin embargo, no todo lo que ocurre en el mundo astral termina ocurriendo en el mundo físico, hay cosas que se transmutan en este mundo astral y no llegan a materializarse en el mundo físico. Algunas personas tienen sueños en los que ven cosas que luego ocurren, pero también sueñan muchas cosas que nunca ocurren. En algunos casos, esos sueños son recuerdos de sucesos ocurridos en el mundo astral, esos sucesos son posibilidades, unas veces se materializan y otras no. Saber si un suceso en el mundo astral va o no a materializarse dependerá de muchísimos factores.

Al comenzar una nueva existencia en el mundo físico, el ser humano trae consigo deudas por pagar o karma y también regalos por recibir o dharma de sus vidas anteriores. También en el transcurso de una vida, se va generando más karma o dharma, dependiendo de cómo el ser humano decida vivir su vida. Por eso es tan importante comprender que somos nosotros, y nadie más, los creadores de nuestra realidad. El karma y el dharma juegan un papel fundamental en la materialización de un suceso que ocurre en el mundo astral.

Pero como la vida es un continuo aprendizaje, y estamos siempre en evolución, dependiendo de cómo vives actualmente el karma y el dharma pueden atenuarse o modificarse. Cada pensamiento, emoción o actuación del Ser humano genera una consecuencia para su futuro. La ley del karma no está determinada por el nivel espiritual que haya logrado alcanzar un Ser, si tiene deudas por pagar deberá reencarnar nuevamente y saldarlas.

Este proceso de materialización ocurre a nivel personal, a una comunidad o país entero y a todo el planeta. Así, si una persona vive conscientemente en pensamientos y acciones positivos, en amor para su vida y para los que lo rodean, eso crea –

primero en energía y luego en el mundo astral– una realidad que, finalmente, puede materializarse en la tercera dimensión o mundo físico.

A gran escala funciona igual, si la mayoría de las personas en un país están pensando continuamente en la paz, la prosperidad y el respeto a los demás, es seguro que ese país será grandioso. Pero así como ocurre a nivel personal, también los grupos o países llevan en sus historias karma por resolver o dharma por recibir. Es común observar como grupos de individuos que vivieron en civilizaciones antiguas, reencarnan juntos en una nueva civilización enfrentando problemas parecidos para continuar con su evolución.

Algunas veces ocurren cosas que percibimos como contrarias a nuestros intereses pero quizá, luego de un tiempo, comprendemos que eso justamente nos hizo mejores seres humanos.

También rezarle a Dios, con fe, desde el corazón – en cualquier religión– para que ocurra o para que no ocurra algo que hemos soñado, es determinante. Al rezar o meditar, nuestra mente se conecta con lo más superior de nuestro Ser y desde allí podemos modificar nuestras vidas. Porque, al final, Dios tiene la última palabra y su misericordia es infinita.

Podríamos decir que el mundo físico es un reflejo de la cuarta dimensión o mundo astral. De esta manera, el mundo astral puede influenciar en el mundo físico, tanto para bien como para mal. Todo lo que existe en el mundo físico tiene su contrapartida en el mundo astral, pero no todo lo que existe en el mundo astral se materializa en el mundo físico."

Para complicar aún más las cosas, me dijo: "**El mundo astral tiene regiones que dependen del nivel de consciencia espiritual de los seres que las habitan. Dependiendo del nivel de consciencia que tenga tu Ser vives en ciudades astrales luminosas, llenas de paz, amor y belleza o lugares iguales a lo que las religiones del planeta Tierra describen como infierno. En este momento nos encontramos en el astral medio que es muy hermoso y luminoso, remarcó."** Esto me tranquilizó mucho. La luz y la oscuridad, el mundo de los opuestos seguía existiendo en el mundo astral.

Me explicó que algunas personas tienen plena consciencia de este cuerpo y son capaces de utilizarlo de forma voluntaria y que existen varias técnicas milenarias de relajación y meditación, con las cuales se entrena al cuerpo para desdoblarse o tomar consciencia del cuerpo astral.

Mientras hablaba el maestro, sentía una inmensa emoción en todo mi cuerpo, como si hubiese encontrado un tesoro. Entonces el maestro hizo una pausa, estiró los brazos y me dijo: **"Tengo tres regalos para tu consciencia, recordarás tres secretos que deberás contarlos a la humanidad. Uno acerca de una civilización muy antigua, otro de los comienzos de los seres humanos en la Tierra y otro acerca del futuro del planeta Tierra. Pero ahora voy a mostrarte algo, toma mi mano, vamos a dar un paseo".**

Sin pensarlo dos veces, sujeté su mano y comenzamos a elevarnos, sentía una corriente de energía que me arrastraba hacia abajo pero como estaba agarrado de la mano del maestro, lo seguí. Pasamos por encima de mi casa y de la hilera de casas de la calle hasta que nos elevamos tanto que veíamos casi toda la ciudad. Los edificios que divisaba abajo tenían una luminosidad extraña y todo estaba más limpio y ordenado. Poco a poco nos alejamos de la ciudad, nos dirigíamos hacia el cielo, pasamos la atmósfera de la Tierra a gran velocidad y llegamos al firmamento.

Nos quedamos flotando, observando las estrellas y los planetas. El planeta Tierra se veía a lo lejos, igual a como se observa en las fotos que toman los satélites. Me impresionó de la Tierra el hermoso contraste de azules, verdes y marrones, cubierta en muchos lugares por nubosidad blanca. Su atmósfera resplandecía en medio del universo. Me hizo sentir muy especial saber que yo habitaba ese lugar tan hermoso.

Mientras nos encontrábamos flotando en el firmamento, viendo cómo pasaban fragmentos de piedras como meteoritos a nuestro lado, el maestro me dijo lo siguiente: "**La Tierra es el planeta más hermoso y perfecto de este sistema solar, ha recorrido un largo y arduo camino. La raza humana no habita únicamente este planeta, existen seres humanos viviendo actualmente varios planetas de esta galaxia en diferentes dimensiones. Los seres que deciden nacer en el planeta Tierra saben que** evolucionarán en aspectos muy difíciles, gracias –justamente– a la oscuridad reinante en ella. Se necesita del constante trabajo de muchos seres de luz, para que se ilumine la consciencia de los seres humanos. Algunos deciden precisamente reencarnar en este planeta, donde aunque puedan tener vidas llenas de desafíos, pueden experimentar a Dios de una hermosa y óptima manera.

En algunos planetas de esta y otras galaxias ha habido cambios espirituales que se reflejan en su nivel de vida. Ya no existen ni guerras ni pobreza ni enfermedades como las hay en el planeta Tierra. Su nivel de consciencia espiritual es mayor porque han vivido crisis profundas y decidieron elegir el camino del amor en vez del miedo. El nivel de consciencia de una sociedad se refleja en su percepción de la dualidad, mientras más centrados estén en Dios, menos separados se sienten en relación a ellos mismos y al universo. Si comprenden que son uno con Dios, evolucionan hacia la felicidad suprema. La Tierra también ha vivido muchos ciclos y ha tenido etapas de muy alto

nivel espiritual. Finalmente está entrando en una hermosa era dorada, reflejo de un profundo cambio en la consciencia colectiva a nivel planetario.

Adicionalmente, la Tierra es un planeta muy especial, allí ocurrió el séptimo nacimiento voluntario del Hijo de Dios, a quienes ustedes llaman Cristo. Esto significa que el Hijo de Dios, luego de haber nacido en seis mundos o planetas distintos, decidió nacer en el planeta Tierra justamente porque sabía que allí había muchísima oscuridad que nublaba la consciencia de los seres que lo habitaban." En ese momento, cuando comencé a pensar en Jesús y en todo lo que había aprendido de su vida, me embargó una gran emoción e inmediatamente me encontré nuevamente en mi cuarto, tiritando de frío.

Capítulo 5
La Atlántida

Ana Emilia se rió y me preguntó cómo me había sentido después de haber sido astronauta en una noche. Le expliqué que me había encantado poder ver la Tierra desde el universo, de verdad me sentí privilegiado por verla así tan luminosa y hermosa. Pero al volver a mi cuarto, y luego de reflexionar un largo tiempo en mi cama, comprendí que el Ser humano vive en un mundo irreal, encerrado en sí mismo con una enorme cantidad de límites que toma como reales y que sencillamente no lo son. Podemos llegar tan lejos como queramos, la vida es mucho más amplia de lo que pensamos y podemos modificar nuestras vidas al comprender que el cuerpo físico es solo uno de los recipientes del Ser.

Entendí que la realidad percibida con nuestros sentidos es tan limitada que casi podría decir que estamos muertos en vida si no comprendemos la grandeza de nuestro Ser y de lo que es capaz de hacer y crear. Yo no estuve soñando con el universo, yo estuve allí, vi la Tierra desde lejos, fue una experiencia voluntaria, y es algo extraordinario pero posible para cualquier persona que decida despertar.

Ya se estaba haciendo de noche, así que quedamos en reunirnos al día siguiente en mi casa, como era sábado mi mamá y mi papá saldrían temprano al mercado con mi hermana pequeña y estaríamos solos. Rodrigo me acompañó hasta mi casa que estaba camino a la suya, no había emitido palabra alguna, estaba muy pensativo mirando el suelo. Finalmente, me preguntó: ¿Será que todos podemos hacer eso? Le respondí que estaba seguro de que todas las personas podían lograrlo en algún momento de su existencia y también sentir, no solo su cuerpo astral, sino los demás cuerpos de los cuales hablaba el maestro, pero que parecía que a cada quien le llegaba su momento, justo cuando se está preparado para hacerlo.

Al día siguiente, Ana Emilia y Rodrigo llegaron a las nueve de la mañana, ambos estaban entre pensativos y emocionados. Esto nuevamente me tranquilizó, definitivamente no pensaban que estuviese inventado esta historia ni que estuviese chiflado, así que, sin más preámbulos continué contándoles lo que me sucedió: "Luego de haber visitado el universo, estuve varias noches durmiendo profundamente, no recordaba absolutamente nada, pero siempre despertaba lleno de energía y paz. Finalmente una noche, me tomé un momento para relajarme. Estaba decidido a volver a sentir la vibración en mi nuca, ya la empezaba a extrañar mucho. De pronto comencé a escuchar al maestro que me hablaba dentro de mi cerebro. Todavía no había sentido la vibración. Sí, me encontraba profundamente relajado, pero mi consciencia seguía en mi cuerpo físico. El maestro me dijo: **"Voy a enseñarte una técnica de protección que deberás practicar cada vez que intentes entrar conscientemente al mundo astral"**.

En ese momento comencé a sentir en el medio de mi frente, justo en el entrecejo, una presión y una leve energía. Cerré los ojos y pude ver y sentir una luz blanca allí en la frente. Sentí que debía estirar mis piernas y mis brazos colocarlos a los lados de mi cuerpo con las palmas de las manos hacia arriba. La luz comenzó a cruzar mi cuerpo en línea recta hacia un punto en la planta de mi pie derecho, luego avanzó hacia otro punto en la palma de mi mano izquierda, de allí se dirigió a otro punto en la palma de mi mano derecha, la luz entonces volvió a cruzar mi cuerpo hacia un punto en la planta de mi pie izquierdo para finalmente volver al punto ubicado en el entrecejo. Percibí entonces claramente como me envolvía una brillante estrella de cinco puntas y me sentí protegido.

El maestro nuevamente dijo: **"De ahora en adelante, cada vez que inicies un viaje astral, debes formar la estrella de cinco puntas, siete veces en tu cuerpo, comenzando siempre en el entrecejo y luego hacia tu pie derecho. Este es un vehículo de protección al que llamaremos merkaba".**

Luego de hacer el recorrido de la estrella de cinco puntas siete veces en mi cuerpo, la vibración comenzó a recorrerme la nuca e imaginé que podía entrar en este nuevo mundo llamado astral. Al tener la sensación de estar como suspendido entre dos mundos, decidí que ya era tiempo y me paré lentamente de la cama. Fui acercándome poco a poco a la ventana, observé el jardín y caminé hacia él. Igual que cuando atravesé la pared de mi cuarto, resultó muy extraño pasar a través de una ventana cerrada, era como si los átomos de mi cuerpo estuviesen tan expandidos que pasaban alrededor de los átomos del vidrio de la ventana.

Me encontré dirigiéndome hacia las rocas de la montaña. Recordé entonces la puerta dorada, en ese momento con el simple deseo de estar frente a esta, en un instante me encontré allí, observando la cerradura. En ese momento me percaté de que no tenía la llave, busqué entonces al hombre de la capa azul. El maestro se encontraba sentado envuelto en su manto y me transmitió una gran tranquilidad.

Luego de un momento observándome, se puso de pie y me dijo: **"Tal y como supones, te estaba esperando. Aunque tú aún no lo entiendas, has participado en el teatro que es la vida llevando muchas máscaras. Has sido mendigo, también un pobre campesino chino, prostituta, cacique indígena, científica, monja de clausura, judío, soldado en varias guerras de diferentes países y épocas, también fuiste general en otras tantas. Has tenido que aprender muchas lecciones, has matado y te han asesinado, has sido violento y agresivo y también has sentido lo mismo en carne propia. Has muerto de cientos de maneras. No solamente en este sino en muchos otros planetas y universos. Algunas vidas te han costado más que otras pero, poco a poco, has ido evolucionando hasta convertirte en quien eres hoy. En cada vida se aprenden nuevas virtudes, al final esas virtudes conforman el Ser. Quizá comprendiendo que los acontecimientos de la vida que producen grandes** cambios en el Ser son los más valiosos, no nos preocuparía tanto equivocarnos o que nos ocurran hechos indeseables. Te quedan muchas vidas por delante, tienes mucho que aprender, deudas que pagar y regalos por recibir, todavía el camino es largo hasta Dios. Debes saber que tienes grandes conocimientos en tu Ser que aún no has recordado.

Esta puerta dorada se abre hacia un lugar en donde se guarda el gran libro de la historia de la Humanidad, y allí encontrarás el pasado y el futuro como si fuese el presente, pero lo verás de forma viva. Aunque ahora no lo comprendas, en realidad, el tiempo percibido por los humanos de forma lineal es una ilusión, vivimos en un eterno presente. El tiempo es un límite creado para evolucionar de una forma específica. Para Dios, y para nuestro espíritu, no existe el pasado ni el futuro; todo ocurre en este momento, la percepción del tiempo está en tu mente humana.

Este será tu primer viaje. El libro te llevará exactamente a donde debes ir para aprender acerca de una gran civilización que forma parte de la historia del planeta Tierra, luego deberás contar

tu historia a quienes deseen escucharla." Dicho esto, se me acercó y me entregó una llave de apariencia antigua del mismo dorado brillante de la puerta. El maestro me explicó que él era el guardián de la puerta dorada en el mundo astral y que solo le podía entregar la llave a quien estuviese preparado para recibirla.

Me acerqué a la puerta, introduje la llave en la cerradura y la giré. Al entrar había un cuarto y observé que las paredes eran circulares, en el centro giraba una esfera de luz. Dentro de la esfera se encontraba un enorme libro que parecía muy antiguo. Alrededor de la esfera de luz central giraban siete esferas de diferentes colores. Cada una tenía una inscripción en su interior, me fui acercando a cada una mientras leía en su interior. Una de color azul contenía la palabra Esplendor, en la de color verde pude leer Ciencia, en la de color rojo estaba la palabra Amor, la amarilla decía Justicia, la esfera morada contenía la palabra Inmortalidad, la esfera rosada decía Belleza y, finalmente, la anaranjada tenía adentro la palabra Sabiduría. También flotaban otros objetos, vi una lanza y una espada con incrustaciones de piedras preciosas. Pegado de una pared había un escudo con relieves dorados y azules. Yo flotaba alrededor del libro.

Observé que este tenía unas inscripciones en las cuales pude leer lo siguiente: **"Las siete esferas se relacionan con siete planetas y siete principios, simbolizan los siete estados diferentes de la materia y del espíritu, siete mundos diversos, por los cuales cada hombre y cada humanidad deben atravesar en su evolución a través de cada sistema solar."** En la carátula había una estrella de cinco puntas y encima de la punta superior de la estrella un ojo viviente metido dentro de un triángulo que me observaba.

Aunque el maestro se había quedado fuera, escuché como hablaba dentro de mi cabeza, me decía que mi primer viaje sería para conocer una civilización antigua y muy poderosa. Continuó explicando que cuando me trasladase a esa civilización vería exactamente lo que debería ver para aprender. Además, estaría allí como inmerso en una película, pero comprendiendo todo el contexto sin necesidad de preguntar, ya que la voz me dijo que yo había tenido una existencia previa en ese lugar y tiempo, y me resultaría todo muy fácil de comprender. **"Coloca tu mano derecha sobre la estrella de cinco puntas para que te proteja durante el viaje"** dijo la voz del maestro.

Inmediatamente posé mi mano sobre la estrella de cinco puntas y todo comenzó a dar vueltas en mi cabeza. De pronto, comencé a pasar por un túnel de colores y veía, a mi alrededor, estrellas que pasaban a toda velocidad. Luego todo se aquietó y una especie de bruma cubrió mis ojos.

Poco a poco, la bruma se fue apartando y comencé a ver claramente. Me encontraba parado en la azotea de un edificio muy alto. Lo primero que observé alrededor fue una gran ciudad de colores luminosos. Todo era muy hermoso, las edificaciones eran muy altas y tenían formas diferentes. En medio de los edificios había plataformas con conexiones hacia los otros edificios. También había unos lugares enormes y planos con varios niveles, allí se apreciaban vehículos de formas ovaladas, unos suspendidos en el aire y otros estacionados. Lo que más me llamó la atención es que estaba nevando copiosamente. Los vehículos en los cuales se trasladaba la gente, aunque circulaban a alta velocidad, lo hacían muy ordenadamente.

Los vehículos en movimiento estaban suspendidos en el aire a pocos centímetros del piso. Como leyendo mis pensamientos, la voz me explicó que utilizaban la fuerza magnética para lograr avanzar de esa manera y que, aunque se desplazasen a altas velocidades, no colisionarían porque habían creado un sistema de calles que eran electro-magnéticamente inteligentes.

No lograba enfocar claramente el suelo, una gran capa de nieve lo cubría todo y pese a esto, intuía una gran familiaridad con lo que estaba viendo, entonces comprendí en mi corazón que ya había estado allí. Debo aclararles que nadie parecía percibir mi presencia, era como estar metido dentro de una película como un fantasma. Pensé entonces que debía comprender que era lo que había ocurrido con esa civilización que, a simple vista, se notaba más avanzada tecnológicamente que nuestro actual siglo XXI.

Divisé una gran estructura en forma de óvalo horizontal, era de color azul claro y a su alrededor giraban estelas de luz de todos los colores. Decidí acercarme. Empecé a ver detalles en la estructura que no había percibido: el material con que estaba hecha parecía granito gris azulado, era totalmente lisa, no se veía ninguna junta de piedras, como si hubiese sido hecha toda con una única pieza del mismo material. Las puertas aparecían por donde la gente decidía entrar, no había solo una puerta sino tantas como personas entrando.

Observé que las personas que entraban parecían preocupadas y miraban de vez en cuando hacia el cielo como analizando la nieve que caía sin parar. Con el simple pensamiento de querer ver lo que ocurría ya estaba dentro de un auditórium en donde había muchas personas reunidas. Hablaban acaloradamente, estaban separadas en varios grupos, como pertenecientes a diferentes clases. En el centro del lugar había una plataforma con luces, la cual formaba una gran esfera que giraba velozmente.

De pronto las luces enfocaron el centro de la plataforma y todos guardaron silencio. Una mujer de larga y blanca cabellera, que vestía muy abrigada de traje verde claro, comenzó a hablar: "Finalmente debía llegar el día en que comenzaría nuestro fin como civilización. La Tierra está entrando nuevamente en su noche galáctica, durante más de 12.000 años experimentaremos una total desconexión. Ya han perecido muchos seres humanos y la mayoría de los animales de las praderas y los bosques, debido a que no han podido adaptarse al drástico cambio climático. El caos se ha apoderado de nuestro mundo, nos lo advirtieron los sabios e hicimos caso omiso de sus advertencias.

Hoy nos hemos reunido aquí tal y como se había dispuesto luego de la explosión atómica. Cada día nuestra civilización va hundiéndose más y más, sin otra cosa que podamos hacer más que esperar. Han pasado muchas eras desde el nacimiento de nuestra civilización en la Tierra. Hemos alcanzado todas nuestras metas científicas y tecnológicas. Pero nos olvidamos del Absoluto, de nuestro Creador y de que la ciencia y la tecnología no son más que manifestaciones humanas que, sin un objetivo de evolución, pueden tornarse en nuestra contra.

Peor aún, nos olvidamos de que nuestro planeta es también un enorme ser vivo que necesita regenerarse de tantos experimentos y lo está haciendo ahora, con todas sus fuerzas. Los sabios nos advirtieron que vivimos dentro de un ciclo concéntrico y así sucesivamente. Ya han pasado 5.125 años desde la última inversión magnética de los polos, estábamos al tanto que debíamos prepararnos por instrucción de nuestros sabios, los seres humanos de otros planetas se los habían advertido, solo entrando todos en armonía desde el corazón en otra dimensión, lo hubiésemos logrado.

Luego de haber experimentado con la materia hasta transformarla en energía pura, tratando de controlar todas las demás civilizaciones de la Tierra, en vez de ayudarles, hemos creado nuestra propia destrucción. La explosión atómica acentuó los movimientos geológicos que ya estábamos experimentando. Los cambios climáticos, derivados del próximo cambio de polaridad del magnetismo de los polos de la Tierra, unidos a la explosión, crearon un desequilibrio aún peor de lo esperado en nuestro planeta. Creímos que podíamos jugar a ser dioses sin consecuencias, pero nos equivocamos.

Ahora nuestro deber es advertirle a las generaciones de humanos futuros que los ciclos de la Tierra son inevitables. El camino de la Luz hacia el Absoluto solo puede lograrse aumentando la consciencia del Ser, viviendo bajo los principios universales de Dios, esto es lo único que les salvará. Los seres humanos del futuro seremos nosotros mismos, reencarnaremos miles de veces y cometeremos nuevamente los mismos errores hasta que tomemos consciencia. Quizá algunos lograremos cambiar nuestra vibración para expandir nuestra existencia en las demás dimensiones y aceptemos a Dios en nuestro corazón.

Luego de muchas meditaciones junto a los sabios, y recibidas las instrucciones de los humanos de otros planetas, hemos decidido utilizar el idioma universal del Cosmos para transmitirles esta información a los humanos del futuro. Los sobrevivientes deberán construir unos monumentos con las características y lineamientos que les vamos a indicar. El objetivo en cada lugar será el mismo: transmitir las consecuencias ineludibles de los ciclos terrestres y la importancia del Amor que es la fuerza más poderosa para cambiar la realidad. Hemos decidido que la información sea transmitida a todos los habitantes de la Atlántida para que, cualesquiera sean los sobrevivientes, lleven a cabo nuestra misión. Recuerden también que todo lo que hagamos por mejorar el futuro del planeta Tierra es un bien que nos haremos a nosotros mismos, ya que reencarnaremos cientos de veces hasta lograr nuestra evolución.

Siempre creímos que seríamos indestructibles, pensamos que nuestra tecnología nos salvaría. Nos creímos invencibles, pero la Tierra nos está recordando su poder y pagaremos por nuestro egoísmo. A continuación les explicaremos con detalle la tarea de los sobrevivientes".

Una mujer de tez azulada comenzó a hablar:

"Aquellos que sobrevivan deberán buscar la forma de advertirle a los futuros pobladores del planeta Tierra los riesgos de cometer los errores que nosotros cometimos, deberán construir unos monumentos basados en el único idioma que esos seres podrán reconocer: la matemática. Los mismos serán lo suficientemente grandes y fuertes como para perpetuarse en el tiempo y tendrán forma piramidal. Servirán como portales de luz durante la noche galáctica, ayudarán a llevar la luz del cosmos a la Tierra durante esta nueva etapa. Cada uno de ellos se colocará de forma precisa bajo la constelación de Orión para que indiquen claramente la fecha del próximo ciclo terrestre. Los instrumentos de barras de poder magnético, para construir los monumentos y las indicaciones precisas, las tendrán todos y cada uno de los habitantes de la Atlántida que pertenecen al rango de constructores. De nuestra civilización no quedará absolutamente nada. Quedaremos sepultados bajo kilómetros de agua o hielo".

    Luego de presenciar la explicación de la tarea para los sobrevivientes de la Atlántida, comprendí – en contra de mi voluntad– que debía regresar, entonces sentí un gran frío. Les repito, para que les quede claro: no fue que lo soñé, yo estuve de forma voluntaria allí, viendo lo que ocurría, como una película pero en vivo y directo, hasta que sentí una voz que me llamaba y me decía que ya era suficiente. No quería regresar, deseaba seguir escuchando lo que ocurría allí, pero sentí que algo me atraía hacia arriba e inmediatamente entré en el túnel. Volví a ver colores y estrellas pasando a gran velocidad a mi alrededor. Llegué a la puerta y me encontré al maestro flotando en la entrada. Pausadamente me dijo: **"Poco a poco irás tomando consciencia de más acontecimientos importantes para el futuro del planeta Tierra, debes aprender a transmitirlos de manera que la mayor cantidad de personas comiencen a despertar a la nueva era. Este viaje a la civilización Atlántida es el primer secreto que te prometí. Es tu deber trasmitir lo que has visto y escuchado pero focalizando tu mensaje en que sí existe una salida al caos, siempre a través del amor y del aumento de la consciencia del Ser."**

Sentados nuevamente en el piso, al lado del círculo de piedras me comunicó lo siguiente: **"Los seres que reencarnan en el planeta Tierra, lo hacen porque es**

el lugar más apropiado para aprender las lecciones más difíciles. Aunque hemos escuchado muchas veces que es requisito caernos para aprender a pararnos, debes saber que en la Tierra las caídas son más fuertes y frecuentes, y gracias a esto la evolución es más intensa. En este planeta, la vida transcurre entre el bien y el mal, entre la luz y la oscuridad, y todos los opuestos ponen a prueba constantemente al Ser. A veces, en la vida más miserable se aprenden las más grandes virtudes."

Le pregunté al maestro si Dios era parte de la luz o de la oscuridad. Entonces me respondió: **"Dios está por encima del bien y del mal."** Esto me dejó impactado, ya que para mí era obvio que Dios debía ser parte únicamente de la Luz. Pero el maestro como leyendo mi pensamiento afirmó: **"La mente humana solo concibe las cosas incluidas en el mundo de los opuestos, pero esto no es así en el resto del universo. Así como el tiempo en realidad no existe, tampoco para Dios existen los opuestos. Cuando el Ser nace de Dios, comienza a experimentar todas las manifestaciones posibles, desde un simple mineral, pasando luego por todas las especies vegetales en** millones de mundos, después se manifiesta en animales de todas las especies, en todos los planetas, hasta que finalmente llega a ser humano. Como ser humano, el Ser debe experimentar todo lo imaginable para así poder evolucionar. Es a través del Ser que Dios habita su propia creación."

Entonces el maestro dijo algo que me emocionó mucho: "**Los próximos viajes no los harás solo, te acompañarán tus amigos Ana Emilia y Rodrigo. Debes decirles que esta no es la primera vez que ustedes están juntos en una vida. Muchas veces han vivido como primos, hermanos y, unas veces, hasta como padres e hijos. Estuvieron juntos en el Tíbet, vivieron toda una vida de recogimiento en un monasterio y allí hicieron un pacto de reencuentro que ahora van a cumplir. Diles que abran sus mentes, que respiren profundamente y que se concentren solamente en la respiración. Luego deberán sentir una vibración en la parte baja de la nuca, esto es normal y deberán relajarse. Un gnomo de gran amabilidad, los estará esperando apenas se encuentren en consciencia de su cuerpo astral. Él los guiará hasta la puerta dorada en donde**

yo estaré esperándoles. Deberán prepararse para el día viernes de la semana que viene." Luego de este comentario y de esta larga explicación acerca del ser humano, sentí que debía volver y así lo hice. Desperté nuevamente en mi cama, con muchísimo frío pero con una gran esperanza.

Esto sí hizo que mis amigos se asombraran, una cosa era que yo les contase de mis viajes y otra que ellos los experimentaran y disfrutaran conmigo. Se emocionaron mucho, Rodrigo parecía más bien dudoso, pero Ana Emilia realmente estaba emocionada. Fue muy impactante para mí, y luego para mis amigos, descubrir que la historia de la Tierra que conocíamos podía ser completamente diferente y que quizá estuviésemos viviendo el comienzo de algo que cambiaría radicalmente nuestra percepción de la historia de los seres humanos en nuestro planeta.

También les expliqué algo que me había estado pasando. Cada vez que despierto en la mañana me siento más consciente de mi Ser y tengo experiencias durante el día como si recordara cosas que ya sabía. Siento que muchísimos de los conocimientos que he acumulado a lo largo de varias vidas están aflorando en mi mente y en mi corazón. A veces tengo la sensación de una presión en la frente, justo en el entrecejo, también percibo un calor en el medio del pecho, y en la cabeza tengo a veces una vibración extraña. Otra cosa que he venido sintiendo en las plantas de los pies es un pulso, como si tuviese un corazón latiéndome en ellos.

Se había hecho tarde, era ya mediodía y mientras comíamos nuestra deliciosa pizza margarita con hongos y anchoas, hablábamos de la reencarnación. Pregunté a mis amigos cómo se sentían por la posibilidad de que volviésemos a nacer luego de morir, no una sino tantas veces como fuesen necesarias para nuestra evolución como seres humanos. Para mí ya era algo –podría decirse –aceptado, ya que dentro de mi Ser sentía que la vida no tenía sentido a menos que fuésemos responsables en el futuro de todos nuestros actos e, incluso, pensamientos y emociones. Además, yo sabía que había vivido –al menos en algún momento– en la civilización Atlántida, ya que nada de lo que vi me pareció extraño, más bien todo lo que observé en la ciudad me resultó muy conocido, y probablemente ya había estado en muchos lugares más.

Ana Emilia fue la primera en hablar. Estaba muy emocionada, y nos dijo que pensaba que no solo era lógico sino necesario para la evolución que volviésemos a la Tierra junto a nuestros seres queridos y no tan queridos para continuar aprendiendo. Nos contó también que una sobrina de cinco años, luego de que su tía le diera una nalgada se volteó y le reclamó: "Cuando fui tu papá yo nunca te pegué". La tía quedó pasmada y dijo, para admiración de todos en la familia, que aquel tipo de comentario era muy común en su hija. Varias veces había hecho señalamientos de cosas que solo podía haber sabido su abuelo que había muerto hace diez años. Así que para Ana Emilia era más bien una tranquilidad ir descubriendo, con el relato de mis experiencias, que la muerte era realmente una continuidad hacia otra nueva vida.

Lo que no me esperaba era la respuesta de Rodrigo. Nos dijo que cuando tenía diez años, tuvo un sueño con una monja bastante gorda que estaba en un cuarto muy pequeño rezando el rosario. Durante el sueño había visto un monasterio rústico y sintió que estaba en algún lugar de Francia. Le había parecido tan loco, que aunque él había sentido claramente que esa monja era él mismo, decidió no decírselo a nadie.

Luego de escuchar a mis amigos, comprendí que, a veces, las personas tienen experiencias espirituales singulares y por miedo al rechazo o a la burla no las comparten. La espiritualidad no está reservada a los monjes, a los curas, los rabinos o a los guías espirituales de cualquier religión. Todos los seres humanos, sin distingo alguno, nacemos con la posibilidad de recibir la energía que nos rodea, de percibir otras realidades y, sin lugar a dudas, de sentir a Dios en nuestros corazones.

Capítulo 6
Los Primeros Humanos

La semana transcurrió llena de nuestras inquietudes, durante los recreos solo hablábamos de la emoción que sentíamos al saber que el viernes pasaríamos juntos a la cuarta dimensión. Me sentía muy tranquilo de poder hablarles a mis amigos con total sinceridad sobre mis pensamientos, y me emocionaba saber que ellos también tenían muchísimas ideas parecidas a las mías. Al fin llegó el viernes y acordamos acostarnos a las ocho en punto.

Más emocionado que de costumbre, le dije a mi mamá que no saldría a ningún sitio y que tampoco me quedaría viendo películas en la televisión. Me miró muy extrañada y me preguntó si me sentía bien, así que le dije que no se preocupara, que solo tenía ganas de quedarme leyendo en la cama. Como me gusta mucho leer no me hizo más comentarios.

Me acosté, tal y como acordamos, a las ocho en punto. Traté de relajarme respirando profundamente, también sentí la necesidad de rezar el Padre Nuestro y así lo hice, recé por mí y por las demás personas para que algún día pudiesen tener una consciencia más amplia de la vida. Comencé a hacerme la estrella tal y como el maestro me la enseñó para la protección; la dibujé en mi cuerpo siete veces. Con cada dibujo de la estrella, mi cuerpo se relajaba más y más. También sentí, más profundamente, que las palmas de mis manos y las plantas de mis pies tenían un pulso. En cuanto terminé de rezar y hacerme la estrella, la vibración en mi nuca era más intensa, enviándome a un lugar intermedio entre despierto y dormido. Luego, con todos mis sentidos bien despiertos decidí levantarme. Esta vez simplemente subí hacia el techo del cuarto, atravesándolo hasta llegar al techo de la casa. Desde allí continúe volando hasta la montaña que queda detrás de mi casa. Me sentía ansioso por saber si mis amigos estarían ya allí.

Cuando me acerqué al círculo de rocas, que estaba al lado de la puerta dorada, encontré a Ana Emilia hablando con el maestro, me miró con cara de felicidad total, cuando volteé observé a Rodrigo avanzar cauteloso hacia el maestro, venía acompañado de un gnomo de aspecto bondadoso a quien el maestro agradeció en un idioma que no reconocí. El gnomo se retiró montaña arriba sin hacer comentario alguno. Rodrigo me abrazó agradeciéndome, yo le dije que no había sido yo quien había decidido el encuentro.

El maestro nos explicó que hace muchas vidas nuestros seres habían acordado encontrarse a comienzos del siglo XXI para emprender esta misión. Esta es una era de cambios para toda la humanidad. Nada de esto era casualidad, y estábamos preparados, desde hace muchos años, para la aventura que viviríamos juntos. Ana Emilia se nos acercó y afirmó que así se sentía ella, como si esto fuese lo que siempre estuvo esperando. Rodrigo, a su vez, comentó que se sentía mucho más tranquilo de lo que pensó, lleno de paz. Muy emocionados nos acercamos todos al maestro. En cuanto estuvimos los tres juntos, el maestro nos dijo que nos tomásemos de las manos e hiciésemos un círculo. Así lo hicimos.

El maestro comenzó a contarnos: **"Han estado juntos en varias vidas anteriores, en esta aprenderán a abrir y expandir su consciencia conectándose con diferentes mundos. Hoy comienzan el primero de sus viajes juntos, uno que los llevará al comienzo de la existencia del ser humano en un planeta Tierra, y es mi segundo regalo para sus consciencias. Se sorprenderán de lo que verán, será como una película, en este y en los viajes posteriores mantengan la mente abierta y libre de prejuicios. Los acompañaré para responder todas las preguntas que tengan. Ahora síganme, entraremos juntos por la puerta dorada."**

Así lo hicimos, continuamos agarrados de manos, Ana Emilia en el medio de Rodrigo y yo. El maestro nuevamente me entregó la llave y la introduje en la cerradura de la puerta dorada. Entramos y observamos un gran resplandor. Allí, flotando en el medio, estaba el gran libro que yo recordaba: con su estrella de cinco puntas y, encima de la punta de arriba, un ojo viviente metido dentro de un triángulo que nos observaba a todos. El maestro habló: **"Este es el primero de muchos viajes juntos, observarán un planeta Tierra hace varios millones de años. Apoyen sus manos en la estrella de cinco puntas y déjense envolver por su poder de protección."** Así lo hicimos y sentí como entrábamos en un óvalo de luz que nos protegía.

"Yo soy un Ser que presenció los comienzos de la vida humana en una Tierra, no me podrán ver, pero sí escuchar y hasta sentir." De pronto frente a nosotros, apareció un túnel con las paredes cubiertas por franjas de luz de muchos colores, caminamos lentamente hacia la entrada. Era difícil detallar los colores, ya que las franjas giraban alrededor de nosotros a mucha velocidad. Juntos comenzamos a cruzarlo. Atravesando el túnel yo sentí una gran paz, y creo que Ana Emilia y Rodrigo también se hallaban así por la expresión de sus rostros. Cuando avanzamos por el túnel, las luces de colores se fueron aclarando poco a poco y pudimos mirar que había mucha vegetación, era una selva tupida. Había unos animales no muy lejos de nosotros. Estos medían cerca de un metro de altura, eran peludos, hacían sonidos como los monos y – a veces– se erguían para ir de un lado a otro. La voz comenzó a explicarnos acerca del comienzo del ser humano. **"Toda la Vida en el universo tiene su origen en una idea que proviene de la mente de la Primera Fuente, Dios. Dentro del Cosmos, la Vida se va manifestando en diferentes frecuencias vibratorias y los espíritus que son micro partículas de la Fuente juegan a co crear. Todos los planetas que sirven de sustento a la manifestación de formas de vida son a su vez, los cuerpos físicos de una consciencia o Ser que los anima y que determina el tipo de formas de vida que albergará. Cada planeta tiene unas características particulares que dependen de su relación con el sol que le provee de luz. Estos soles están a diferentes distancias y tienen tamaños variables, por lo tanto, la radiación es diferente."**

Rodrigo, como reflexionando para sí mismo dijo: Entonces ¿un espíritu va explorando por ahí y de pronto puff co crea un planeta?

"Querido Rodrigo, la magia existe en el universo, pero un planeta no se crea con una varita

mágica, todo dependerá del nivel evolutivo de dicho ser cósmico y si se juntan varios espíritus como consciencias colectivas y deciden co crear una realidad pues con mayor efectividad lo van a lograr. Se requiere de un muy alto nivel de manejo de las diferentes fuerzas universales para sostener un cuerpo del tamaño de un planeta."

¿Y en todos los planetas hay vida y habitan seres humanos? Continuó preguntando Rodrigo.

"La composición química del planeta, los gases que hay en su atmósfera nos dan los parámetros del tipo de formas de vida biológicas que se irán manifestado en dicho lugar. El planeta Tierra original, fue manifestado desde la Primera Fuente a través de una consciencia colectiva. El Ser Humano original, es decir, la idea "ser humano" también fue manifestado como un cuerpo luz directamente de la Fuente y tiene unos códigos lumímicos perfectos, este Ser Humano original existe en la Tierra original. A partir de este "plan original" se han manifestado diferentes Tierras que han servido como campo de juego de experiencias infinitas, en densidades variadas y a seres humanos con características únicas. **Respondiendo a la pregunta de Rodrigo, solo algunos planetas del universo en su frecuencia vibratoria más densa albergan formas de vida humanoides ya sean de la raza humana o de otras razas estelares. No todos los planetas tienen una atmósfera que provee a las formas de vida de alimento tal y como ocurre en el planeta Tierra."**

Entonces, pregunté un poco confundido, ¿Qué es lo que ahora estamos presenciando?

"Vamos a presenciar las primeras manifestaciones de vida inteligente en una Tierra, ya que, aunque por ahora sea difícil de comprender, esta no es la primera Tierra, ni será la última, esta no es la primera raza humana, ni será la última."

Empezamos a ver a nuestro alrededor, había unos animales que, aunque caminaban de pie, no parecían humanos. La voz siguió hablando en nuestra mente: **"Como pueden ver, esos animales se parecen un poco a los primates de hoy en día, pero tienen una forma de desplazarse erguida que recuerda a los humanos. Miren cómo agarran las frutas con las**

manos, lo hacen cuidadosamente con todos los dedos incluyendo el pulgar."

"¿Entonces en la Tierra original todos eran herbívoros? Pregunté rápidamente.

"Ustedes mismos van a responderse esta pregunta al final de este viaje, les invito a seguir reflexionando acerca del origen de la vida y las diferentes formas de mantenerse con vida"

La verdad me hubiera gustado que nos diera la respuesta de una vez, pero estoy seguro de que reflexionando daremos con ella. Seguimos viendo a los animales y nos acercamos hasta tenerlos a pocos metros de distancia. Ellos no parecían percatarse en lo más mínimo de nuestra presencia, así que me acerqué hasta casi tocarlos. **"De todos los animales que hasta entonces han existido en la Tierra, estos tienen los cerebros más grandes, en comparación con su tamaño"**. Observamos a una pareja, parecían muy cariñosos el uno con el otro. Había grupos de animales en actividades diferentes, unos jugaban con varias crías, otros se ocupaban de pelar frutas y comer, otros simplemente observaban, como vigilantes ante algún peligro. La mayoría estaban en las copas de los árboles en pequeños grupos. Se comportaban como parte de una manada o quizá pudiera llamarse tribu. Habían construido unos rústicos refugios con palos y hojas en lo alto de varios árboles.

El maestro nos dijo que nos tomásemos de las manos otra vez. De pronto salimos volando hacia adelante, desplazados por una energía que nos hizo entrar por un túnel nuevamente. Según nuestro guía, avanzaríamos unos quinientos mil años desde ese momento hacia el futuro.

Al salir del túnel, nos internamos – una vez más– en una gran selva. El sonido del agua se escuchaba muy cerca. Avanzamos hacia un claro y frente a nosotros observamos una enorme cascada que desembocaba en un caudaloso río. En una parte menos profunda del río, notamos cómo tomaban agua unos animales que hacían pareja, un macho y una hembra. Se parecían mucho a los anteriores animales que habíamos observado, pero tenían menos pelos en el cuerpo, medían más o menos un metro con veinte centímetros, sus piernas eran más largas y los brazos más cortos. Caminaban un poco más erguidos, pareciéndose un poco a los humanos de hoy en día. La voz del maestro nos explicó: **"Los cerebros de estos**

animales, aunque pequeños son más grandes que los de sus antepasados y son bastante más inteligentes. Poco a poco se fueron desarrollando hasta que se separaron de las demás tribus y fundaron sus propios asentamientos. Llegan a una edad de más o menos 30 años. Les tomó unos quinientos mil años de evolución tener una apariencia humanoide."

Nos quedamos allí observando a la pareja de seres peludos, parecían más animales que humanos, pero ciertamente tenían un comportamiento reflexivo. Se ayudaban para agarrar el agua y colocarla en algo que parecía hecho de alguna piel. El maestro nos indicó que usaban los intestinos de los animales que fallecían naturalmente para hacer bolsas y poder llevar el agua. También tenían gestos cariñosos entre ellos y parecían hablarse mediante señas y sonidos extraños.

Ana Emilia fue la primera en preguntar: "¿Qué ocurrió entonces con estos primeros seres – que la verdad no parecen muy humanos– se multiplicaron y comenzaron a poblar la Tierra? No entiendo cómo existen tantas razas diferentes hoy en día, ¿venimos todos de ellos?, el maestro rio y nos dijo: **"Sé que tienen muchas preguntas, las responderemos poco a poco".**

Entonces nos contó lo siguiente: **"Estos seres comenzaron a poblar el planeta Tierra y durante miles de años fueron desarrollándose hasta que ocurrió algo de lo más interesante: Una pareja comenzó a dar a luz a unos seres con mayor inteligencia y luego de varios años se fueron apartando de los demás miembros de la tribu. A lo largo de miles de años, estos seres primitivos han ido adaptándose al medio ambiente."**

¿Pero cómo es que se va formando la vida biológica, es algo que ocurre en el plano físico así de forma natural, de repente se volvieron más inteligentes? Preguntó Ana Emilia de nuevo, un poco inquieta por saber todas las respuestas.

"Entiendo sus ansias de saber, pero el conocimiento les va llegando en la medida en que puedan comprenderlo e integrarlo, así que vamos poco a poco, cuando surgen dudas es porque se están haciendo las preguntas correctas. La vida es creada en planos superiores hasta que se manifiesta en planos más densos. Imagina que un

espíritu o consciencia, toma un molde en luz y con su intención enfoca su energía creadora hasta lograr que ese ADN lumínico se cohesione formado una primera molécula. Ese molde en luz ya está creado por la Fuente Primera, esa geometría sagrada perfecta es plasmada en los planos de la materia. Cada manifestación de vida será más o menos idéntica a su molde original en la medida que su frecuencia vibratoria sea más alta en luz y amor. Poco a poco, la luz emanada de consciencias superiores va llegando a ese cuerpo biológico hasta hacerlo apto para tomar consciencia de sí mismo."

¿Pero entonces cada raza de la Tierra tiene una consciencia o espíritu diferente que las sustenta? Preguntó Rodrigo.

"Muchas razas estelares se han involucrado en el proceso evolutivo de la raza humana del planeta Tierra, ya que estaban y están interesadas en vivir experiencias físicas en este. La consciencia colectiva de la raza humana original manifestó sus cuerpos físicos adaptándose a las diferentes condiciones que ofrecía el planeta. En las diferentes regiones del planeta se han desarrollado seres anaranjados, verdes, azules, amarillos, verdes, blancos y negros, cada una de estas razas mostrando características diferentes. Algunas crecieron en tamaño y llegaron a medir más de dos metros en promedio. Otras se desarrollaron mejor en habilidades manuales, en construir sus hogares y fabricar herramientas útiles para su evolución. Unas eran más fuertes y guerreras que otras, pero también había unas débiles, pero más inteligentes que otras. Así fueron evolucionando, poco a poco, varias razas de color del planeta Tierra, algunas sobrevivieron a las otras ya que eran más hábiles o más inteligentes o más fuertes, pero al final todas terminaron bastante mezcladas. Ya no queda en el planeta Tierra raza alguna completamente pura de alguno de estos colores. En otros planetas se desarrolla una sola raza, pero en este planeta, debido a que estuvo y está abierto a experimentación biogenética han aparecido y desaparecido razas humanas, ya que tal y como les comenté, el ADN no es solo biológico físico, este es solo el reflejo del ADN lumínico original."

¿Y en los otros planetas de este sistema solar que tipo de razas hay? Pregunté imaginando como sería vivir en otros lugares.

"Les comento que en el planeta Venus se desarrolló una raza de pelo amarillo casi blanco y ojos verdes o azules, los dedos de sus manos son largos y sus cuerpos altos y esbeltos; la raza amarilla evolucionó en Marte, son más delgados y pequeños en tamaño, tienen el pelo color dorado o marrón oscuro y sus ojos van desde el color verde al marrón oscuro. La raza roja primero evolucionó en el planeta Mercurio pero luego de una desastrosa explosión atómica, la órbita de Mercurio se acercó demasiado al Sol haciéndolo inhabitable. Algunos de sus habitantes migraron a Saturno, ya que tenían suficiente tecnología para trasladarse en naves espaciales. Los saturnianos actuales son seres con el pelo de color rojo o marrón, ojos amarillos o verdes y su contextura es fuerte y atlética. La raza negra se desarrolló primero en Júpiter, son de apariencia regia y sus caras son anchas de mandíbulas cuadradas, tienen pelo negro y sus ojos son de color púrpura, también se

caracterizan por tener unas bellísimas voces y una actitud amable y generosa. **En estos momentos, todas estas y otras muchas razas humanas transitan por este y otros universos, cooperando entre ellas. Muchas razas han venido al planeta Tierra durante su existencia, entre otras cosas para colaborar en el crecimiento tecnológico y espiritual de los seres humanos. Algunas han utilizado la raza humana de este planeta como depósito genético físico, aunque otras han usado a la raza humana para otros fines menos benevolentes."**

Me quedé pensando en esas últimas palabras, pero Rodrigo tomó la palabra y le preguntó al maestro: ¿Cómo comienza el primer instante de vida en un nuevo planeta? El maestro sonriendo nos dijo: **"En todos los planetas en los cuales se espera que comience la vida, ocurre lo que podríamos llamar "milagros de vida". Unos seres espirituales cuya función es la creación de mundos habitables, vigilan durante millones de años los cambios geológicos de un planeta nuevo. En cada nuevo mundo, se implantan las sustancias necesarias para el comienzo de la vida. En el planeta Tierra, la sustancia fundamental para el** comienzo de cualquier vida vegetal o animal es la solución salina, pero más allá de esto hemos de comprender que la luz es el origen de la vida."

¡Es como un super juego de química! Dijo Rodrigo. Todos reímos, y entendimos que en efecto es así, todos los elementos están en el universo y una Inteligencia Divina los va mezclando para crear infinitas formas de Vida.

"Así es Rodrigo, Dios es el Gran Mago, detrás de la Vida en cualquiera de sus formas. No ocurre nada al azar. Cada átomo del universo contiene a Dios que es Luz, y la evolución de los átomos celebrando la vida y por ende a Dios mismo es una realidad. El nacimiento de la vida en el planeta Tierra, y toda la evolución de la vida desde sus comienzos en los océanos hasta los seres humanos, ha sido monitoreado por seres espirituales especialmente preparados para esto. Todo ha ocurrido de acuerdo a las leyes biológicas y químicas reinantes en el universo y propias de cada nuevo mundo. Recordemos que detrás de cada forma de vida física existe una consciencia co creadora que la anima, ustedes están

permanentemente manifestando sus actuales cuerpos físicos, aunque aún no tengan consciencia de cómo."

El maestro me miró a los ojos y me animó a preguntar. Decidí hacer la pregunta que estaba rondando en mi cabeza desde que presencié a los primeros humanos: "¿Esos seres, que parecen más animales que humanos, son capaces de pensar en Dios?, entonces el maestro nos contó algo que haría desmayar a la Madre Teresa: **"Luego de miles de años de haber nacido los primeros humanoides en esta Tierra, llegaron unos seres de otros sistemas solares para aumentar el nivel de evolución tanto física como espiritual de sus pobladores. Durante ese tiempo las tribus de diferentes partes de la Tierra fueron visitadas por estos Seres galácticos y les enseñaron formas más civilizadas de convivencia. Hubo uniones entre razas terrestres y razas estelares, se unieron con los seres más avanzados de las diferentes tribus, para crear un Ser humano más evolucionado tanto espiritual como físicamente.**

Estos primeros Seres de raza humana poblaron la Tierra, y durante muchísimos años,

vivieron en esta maravillosa Tierra, creación de Dios a través de millones de espíritus co creadores, Sus micropartículas divinas. Durante miles de años, la forma de vida de los habitantes de la Tierra, reflejaba un pleno conocimiento de las funciones de la naturaleza y, en especial, de su propia función como co-creadores junto a Dios. Simultáneamente, en ciertos lugares del planeta, coexistían comunidades avanzadas tecnológica y espiritualmente junto a otras, con desarrollos diferentes, en donde la telepatía natural les permitía desarrollarse de forma armónica con todos los reinos de vida.

En un momento de este proceso hermoso que ocurre en todos los planetas al comienzo de la vida sucedió algo realmente inusual que sumió al planeta Tierra en una especie de cuarentena galáctica durante miles de años. La perfecta vida paradisíaca de estos Seres Humanos cambiaría radicalmente.

Fruto de un profundo deseo de ser iguales a Dios en su infinito poder de creación, unos seres decidieron sublevarse en contra del Supremo y del

Orden Divino por Él establecido, lamentablemente muchos le siguieron. Recordemos que varias razas estelares han estado involucradas en el desarrollo biológico de los cuerpos físicos y demás formas de vida del planeta, pero no todas las razas tienen el mismo concepto acerca de lo que llamamos "evolución". Hubo seres que desearon y desean un mayor poder sobre el planeta y sobre la raza que lo habita, y estar por encima de los seres a quienes Dios había designado como los encargados de velar por el proceso evolutivo de este mundo. Estos seres no reconocen el Orden Divino, ni consideran perfecta la Creación, y mucho menos a los Seres Humanos. Increíblemente, seres espirituales de todos los rangos, ángeles y arcángeles, observamos cómo Seres de una muy alta jerarquía espiritual dejaron de tener fe en la supremacía de Dios, el Supremo Creador. Durante esta rebelión muchos otros seres fueron convencidos de que debían rebelarse. Pero también muchísimos seres humanos, ángeles y otros seres siguieron fieles al Orden Divino. Esto tiene mucho mérito, ya que observando a seres de tan alta jerarquía dando un ejemplo de rebelión, tuvieron la fuerza de voluntad para mantener su fe en Dios, y Su Plan Divino. Había comenzado una nueva etapa en la evolución de los seres humanos de esta Tierra, se experimentarían a sí mismos como aquello que no son hasta finalmente reconocer y recordarse como lo que siempre fueron: Amor"

Entonces pregunté, ¿Y esto como ha afectado a los seres humanos del planeta Tierra, es decir a nosotros?

"Esta conmoción afectó gravemente la evolución de los humanos del planeta Tierra. Ha habido un aparente estancamiento durante millones de años y una larga lucha en los cielos. Les explicó que en las guerras acontecidas en el planeta Tierra entre los seres humanos, perecen sus cuerpos físicos, pero continúan reencarnando ya que su Ser es eterno. En cambio, en las guerras de los cielos se pierde la vida eterna, y esos espíritus entran en el ciclo de reencarnaciones de la Tierra, que ha estado aislada, perdiendo la memoria de su origen divino.

Seres de esta y otras galaxias han intervenido en el devenir de la evolución de la raza humana, pero siempre bajo el ojo misericordioso del Absoluto y dentro de Su Plan Perfecto.

Hubo muchos seres espirituales que decidieron reencarnar en el planeta Tierra para ayudar a los seres humanos a encontrar a Dios en medio de la oscuridad. Todos transmitieron a la humanidad enseñanzas espirituales y científicas que fueron el nacimiento de civilizaciones enteras. Algunos de estos iniciados fueron Rama, Krishna, Hermes, Maquiventa Melquisedec, Gautama Siddharta, Moisés y Pitágoras. En la peor oscuridad siempre brilla más la luz, y estos seres vivieron vidas ejemplares en el planeta Tierra. Todos ellos cambiaron la percepción espiritual de los Seres Humanos a través de la historia. Todas sus enseñanzas son válidas en cuanto provienen del amor a Dios por sobre todas las cosas. Todos estos seres han ayudado a quienes han querido crecer espiritualmente, y decidieron vivir según sus enseñanzas basadas siempre en el amor."

Ana Emilia, siento que hablando por los tres, expresó: ¿Por qué no nombraste a Jesús?

"A quienes ustedes llaman Jesús es un Ser Cósmico que sostiene toda esta galaxia. Luego de la rebelión, Dios el Padre, en un acto de absoluta misericordia, envió a su hijo, Cristo el Creador, a terminar de destruir lo más oscuro de dicha rebelión y a entregarle nuevamente a los Seres Humanos la oportunidad de vivir en amor, paz y armonía, mediante la aplicación de sus enseñanzas. Después de la venida de este Cristo al planeta Tierra, los humanos volvieron a vivir con la esperanza de lograr construir el Reino de Dios en la Tierra, de reestablecer el Orden Divino.

Sé que le cuesta trabajo a la mente humana entender cómo seres espirituales avanzados pueden haber dejado de tener fe en Dios. También a los ángeles, arcángeles y demás seres espirituales al servicio del Creador, les cuesta comprender por qué unos Seres de tan alta jerarquía espiritual cayeron tan bajo. La posibilidad del Ser Humano para elegir entre el bien y el mal es también una realidad del universo. Todos los seres tienen libre albedrío y aun los más avanzados espiritualmente pueden deslumbrarse frente a su propio ego y deciden dejar de tener fe en Dios, nuestro Padre Madre Supremo.

Desde entonces los seres humanos siguen inmersos en una especie de bruma oscura que les impide ver la luz, pero de la que poco a poco han ido saliendo algunos de ellos. Pasan por ciclos de destrucción y nueva creación pero siempre ligados a continuos errores en relación con su propia esencia y al ejercicio del poder de creación otorgado por el Primer Creador. Continúan reencarnando en el planeta Tierra muchos seres de alta jerarquía espiritual que entregan sus vidas para servir a Dios en el restablecimiento del Orden Divino. Pero, hay algo importante que debemos aprender al evolucionar, y es que el libre albedrío le permite a todos los seres elegir su propio camino. Nadie puede elegir por ti, y cada acción tiene su consecuencia. Absolutamente todo lo que le ocurre al ser humano es su responsabilidad. A nadie puedes reclamar por tu situación de vida, esta fue escogida por ti antes de nacer porque así lograrías tener las mejores posibilidades de evolución, la

ignorancia de las leyes universales no es excusa para ser alguno.

Debido a estos sucesos y otros de los que irán tomando consciencias, en el planeta Tierra hay almas encarnadas de miles de lugares de la galaxia, de ambas polaridades positiva y negativa, y la mayoría encarna pasando a través del velo del olvido, perdiendo la memoria de su origen, de sus familias estelares, de su poder creador. Entran en los ciclos de karma individuales y del planeta que están en muchas oportunidades des balanceados hacia el lado negativo, creándose una especie de prisión planetaria. Aquellos seres que despierten y tomen consciencia de esta realidad, serán apoyados y guiados en su decisión de elevarse por encima de la frecuencia vibratoria de la tercera dimensión, para manifestar, finalmente, un planeta Tierra que refleje esa matrix original en la cual fue creado, poblado por una raza humana cuyos códigos lumínicos sean los originales, un paraíso terrenal.

Poco a poco comprenderán que la misericordia de Dios el Padre para con todos los seres del universo, inclusive para con los seres que se le rebelaron, está por encima de la justicia inmediata. Aunque no lo comprendan de esta rebelión se obtuvieron muchos más frutos para el bien que para el mal. Esto debido a que los mayores sacrificios frente al mal, hacen que los seres demuestren sus valores más espectacularmente. Esta experiencia ha sido maravillosa, y los involucrados en ella tendrán una perspectiva única acerca de la Creación, las polaridades, el Orden Divino que les permitirá manifestar mundos ejemplares. Todos los ojos del universo están ahora volcados en la biblioteca viviente, la raza humana de la Tierra."

¿Me pregunto por qué todo esto ha sucedido en el planeta Tierra y no otro planeta? Dije rápidamente porque sentía que ya tendríamos que volver.

"La Tierra está ubicada, energéticamente hablando, en un lugar particular del universo. Recuerden que, así como ustedes tienen órganos con diferentes funciones, también el Universo como un Gran Ser es diferente en cada lugar. Imaginen una gran tela de araña, y visualicen cada una de las

hileras como diferentes realidades, ahora enfóquense en el centro de la tela, allí donde se unen todas las hileras o líneas de tiempo. Allí está ubicada la joya del universo, el planeta Tierra. Quien altera lo que le ocurra al planeta Tierra y su humanidad, afectará a todo el universo."

Sentí una explosión en medio de mi pecho, una mezcla de alegría y miedo.

Entonces nos observó detenidamente y nos colocó las manos en la cabeza uno a uno. En mi turno pude ver como una luz azul ultravioleta entraba por mi cabeza y llenaba todo mi Ser. En ese momento pensé que era inmortal, y que podría hacer todo que me propusiera en la vida.

"Ahora es tiempo de volver", finalmente nos comunicó. **"El día viernes regresarán al mundo astral, nuevamente el gnomo ayudará a Rodrigo y a Ana Emilia a llegar hasta la puerta dorada. Pero antes les voy a pedir que vean una película llamada** *The Matrix*. **Luego les pido que reflexionen acerca de ella. Les espera un último viaje guiado que les advertirá sobre el futuro del planeta Tierra."**

De pronto comencé a sentir un cosquilleo en el cuerpo, sin poderme despedir de mis amigos me encontré de nuevo en mi cama, despierto y tiritando del frío. Observé el reloj en la mesa de noche y eran apenas las tres de la madrugada, pensé que había pasado una eternidad desde que me había ido a la cama pero solo unas pocas horas habían transcurrido. Intenté recordar lo que había aprendido, pero estaba tan agotado mentalmente, por todo lo que había presenciado y escuchado, que decidí descansar, al día siguiente quería estar bien despierto para hablar con mis amigos.

Capítulo 7
The Matrix

A la mañana siguiente, desperté porque mi mamá me trajo el teléfono: "Es Ana Emilia, ya te ha llamado tres veces pero estabas tan profundamente dormido que no quise despertarte, parece muy emocionada por algo..." Hablé con Ana Emilia y quedamos en encontrarnos una hora más tarde en su casa, ya ella había hablado con Rodrigo quien fue el primero en despertarse.

Al vernos nos quedamos callados y luego comenzamos a llorar, creo que conteníamos muchas emociones acumuladas de la noche anterior y habíamos esperado a estar juntos para liberarlas.

Haber experimentado juntos la vivencia de viajar a la cuarta dimensión y saber que el mundo físico es solo una pequeña parte de la realidad, le cambia la vida a cualquiera. Ninguno sería igual de ahora en adelante, veríamos las cosas de forma diferente y quizá no nos preocuparíamos tanto de cosas que antes parecían muy importantes.

Hablamos de lo que nos había ocurrido y de lo que habíamos aprendido. Por supuesto, lo primero que hicimos fue alquilar la película que nos había indicado el maestro, ya los tres habíamos visto *The Matrix*, pero volvimos a verla en casa de Ana Emilia. Al igual que la primera vez, nos pareció una muy buena película sobre todo por los efectos especiales, pero no sabíamos por qué el maestro nos había pedido que la viésemos. Hablamos acerca de los límites que los humanos se crean y de cómo la mente puede cruzarlos. Al llegar la noche nos sentíamos todos bastante cansados por lo que habíamos vivido y decidimos volver a nuestras casas a dormir.

Apenas cerré los ojos esa noche sentí nuevamente la vibración en la nuca, sin vacilar, comencé la estrella de cinco puntas, iniciando con una luz en el entrecejo; hice la estrella en mi cuerpo siete veces y luego recé el Padre Nuestro varias veces hasta que sentí que entraba en un nivel intermedio entre despierto y dormido. Inmediatamente me vi impelido a incorporarme de mi cama y entrar en el mundo astral. No tuve tiempo de pensar hacia dónde debía dirigirme, en ese momento fui llevado como a la velocidad de la luz por una corriente de energía a un sitio muy extraño.

Era una carpa gigante de color gris, ovalada y con dibujos en forma de rombos encima de ella. Percibí una presencia cerca de mí que me guiaba pero no la podía ver, de pronto la presencia me habló desde mi cerebro, diciéndome: **"Tú no eres bienvenido en el sitio al cual vas a entrar"**. Me explicó que si me veían, actuara como si ignorara dónde me encontraba, que actuara con tranquilidad, y tratara de no hablar con nadie. Debía seguirle la corriente a quien me dirigiese la palabra. Me extrañó mucho escuchar esas instrucciones, porque no sabía que en el mundo astral uno podía encontrarse con seres tan poco amistosos. Aun así decidí que valía la pena arriesgarse a investigar qué estaba pasando dentro de esa enorme carpa.

Observé una ventana y por allí me introduje rápidamente. Me faltan palabras para describir lo que vi, pero más todavía para expresar todas las emociones que sentía dentro de mí. Había muchísimas personas yendo de un sitio a otro y unos seres con ropajes grises oscuros vigilando a esas personas. Entre las personas había muchachos y muchachas jóvenes, hombres y mujeres de todas las edades y varios ancianos. También había niños de unos ocho o diez años. Me asombró muchísimo que todos caminaban de forma autómata, sin ánimos de hacer movimientos diferentes o de tomar actitudes activas frente a sus vigilantes. Otra cosa que me pareció muy extraño de estas personas: en sus ojos no había ni rastros de alegría.

Cerca de la ventana por donde entré había un grupo de seres escuchando instrucciones de un Ser con traje oscuro. Me uní al grupo y presté atención a sus palabras. Este individuo les estaba indicando a los seres humanos que debían comprar cosas, que tenían necesidades vitales y debían satisfacerlas, ya que era muy importante adquirir cosas para cubrir sus muchos requerimientos. Les hablaba de la importancia del sistema financiero, de la bolsa de valores, de los seguros, de los créditos y del dinero... "tener más es ser más", sentenció al final.

Me sorprendió mucho lo que estaba escuchando, no parecía que comprar fuese parte de este mundo, parecían más bien instrucciones que en el mundo físico sí servirían de algo. Yo escuchaba otros discursos llenos de instrucciones que dirigían a otros grupos, tratando de no llamar la atención de los seres oscuros. Los temas eran parecidos, todos hablaban de la necesidad de adquirir lo que fuese, de lo importante que era tener cosas, cualquier cosa. Les hablaban de lo peligroso de salirse del sistema, que este los protegía y así serían felices por siempre. Pertenecer al sistema es muy importante, les recalcaba un individuo a unos niños cerca de mí. Todos los seres escuchaban como embobados o hipnotizados.

Caminé lentamente hacia otro grupo más numeroso que estaba al frente de varios seres oscuros. Presté atención a las palabras de uno de los seres oscuros. Este decía: "Ustedes pertenecen al estado, el estado es su dios. Entreguen su libertad y el estado los protegerá. Este es el sistema al cual ustedes deben pertenecer. El comunismo es el camino del triunfo. Todos son iguales, nadie podrá ser más exitoso que otro. Todo es de todos. El estado te hará feliz." Los seres repetían una y otra vez estas frases.

Mi atención se dirigió a un grupo en el cual había varios seres oscuros, de pronto me fijé en una muchacha cuya cara me parecía conocida, no lo podía creer, era mi prima Chantal, me costó reconocerla porque su cara no tenía expresión alguna. Parecía que hubiese despertado a media noche y estuviese caminando sonámbula. En ese momento, en el medio de mi pecho comencé a sentir mucho calor y sentí el impulso de correr hacia ella y sacarla de ese lugar, por supuesto no recordé las palabras que me había dicho mi guía al comienzo.

De esta forma, sin pensarlo, me acerqué rápidamente y la tomé del brazo, en ese momento fue como si ella misma saliera de un trance. Me reconoció al mismo tiempo que los seres oscuros comenzaban a verme con atención y se volvían a perseguirnos. Al instante volamos fuera del lugar a través de la ventana por donde yo había entrado, los seres oscuros parecían muy molestos pero también admirados de que alguien se saliera del estado hipnótico en el cual estaban todos. Los agarró por sorpresa mi comportamiento y por eso logré escapar de ese sitio. Apenas salimos sentí que entrábamos en un gran remolino de energía. A continuación regresé, sin poder controlarlo, y me encontré en mi cuarto tiritando de frío como siempre que me integraba a mi cuerpo físico.

Reflexioné sobre todo lo que había visto y también acerca de lo que había sentido. Quizá en el momento de la experiencia no conciencié que tuve muchísimas emociones mientras ocurrían las cosas. Era como si, a través de las emociones, yo comprendiese las cosas que observaba. Ahora sí podía recordar con claridad y entendí que mucho de lo que percibía en el mundo astral me llegaba al cerebro en forma de emociones. Pensé consternado en mi prima, a quien decidí llamar al día siguiente a ver si recordaba algo de lo que habíamos vivido.

Quedé muy agitado después de esta experiencia, estaba acostumbrado a que todo en el mundo astral era hermoso y lleno de paz, realmente estaba aprendiendo que, así como en el mundo físico hay luz y oscuridad, también el mundo astral hay seres oscuros y seres luminosos. Me quedé dormido luego de un buen rato pensando en lo que había ocurrido.

Al despertarme, antes de llamar a mi prima, me comuniqué con mis amigos Ana Emilia y Rodrigo para saber si ellos habían soñado o sentido algo diferente. Para mi desilusión no habían soñado nada o al menos no recordaban nada inusual. Era domingo así que en la tarde quedamos en reunirnos en la plaza y comernos unos helados. Allí les conté todo lo que me había sucedido, finalmente comprendimos por qué el maestro nos había pedido que volviéramos a ver la película *The Matrix*.

En mi experiencia me sentí como Neo, que comprendía que los demás están dominados o alienados por unos seres oscuros en un mundo irreal y que deben despertar para darse cuenta de su encierro. Claro que no es igual a lo que yo observé, los seres no eran computadoras, pero existen muchas similitudes ya que pareciera que estamos dentro de un sistema del que solo podríamos salir si tuviésemos la consciencia despierta. Dentro de ese sistema pareciera que existen varias formas de alienar a los seres humanos a través del mundo astral. Según lo poco que pude escuchar dentro de la gran carpa de los seres oscuros, lo importante es que los seres sientan que pertenecen a un sistema ya sea una sociedad basada en el consumo o una sociedad comunista dependiente del estado y que además perciban como un gran peligro salirse de esta estructura.

En ese momento decidimos llamar a mi prima Chantal a ver si recordaba algo, pero al hablar con ella me di cuenta de que no tenía ni idea de lo que estaba hablando. No tenía consciencia de haber estado en esa enorme carpa ni de haber escapado conmigo. Al final decidí decirle que había sido un extraño sueño pero que no se preocupara del asunto.

Esa noche me acosté a dormir con las preguntas bullendo en mi cabeza, necesitaba que mi maestro me aclarara muchísimas cosas. Me hice la estrella alrededor de mi cuerpo siete veces, recé muchas veces el Padre Nuestro profundamente e inicié las secuencias respiratorias. Me costó relajarme un poco, más que de costumbre, realmente me había impactado observar oscuridad en ese mundo que yo percibía tan hermoso y sereno. Finalmente me dejé llevar, capté la vibración en la nuca e inmediatamente me dispuse a incorporarme.

Al salir de mi cuarto sentí cómo me envolvía una energía que me trasladaba a otro sitio de forma instantánea. El mensaje que llegó a mi cabeza fue que era el año 2099 y que, luego de muchos años de reconstrucción la Tierra, vivía una era dorada en la cual los humanos eran plenamente conscientes de su Ser, vivíamos nuevamente en un paraíso terrenal. No pude ver mucho más ya que inmediatamente regresé a la montaña detrás de mi casa.

Allí me esperaba el maestro sentado en la grama, rodeado de flores. Tenía un gato en sus piernas al que acariciaba apaciblemente. Me alegré muchísimo de verle y casi sin acabar de sentarme, comencé a hacerle muchas de las preguntas que seguían rondando mi mente. El maestro sonrió y me explicó lo siguiente: **"En el planeta Tierra existen seres que consciente o** inconscientemente sirven a la luz y otros muchos que sirven a la oscuridad. Así como existen maestros de la luz pues también existen maestros de la oscuridad. Cada Ser es libre de actuar de la manera que desee. Muchos seres de la oscuridad se nutren de la energía de la ansiedad, del miedo, del odio y del resentimiento que esta sociedad materialista produce en los seres humanos. El lugar al cual fuiste llevado, es una estructura en la cual los cuerpos astrales de la mayoría de los humanos son alienados por estos seres de la oscuridad, inculcándoles valores errados de materialismo que les nubla la mente y no les permite tener consciencia de lo espiritual. Una sociedad en la cual lo más importante es el consumo, y tener más que el vecino, o una sociedad en la cual el éxito es castigado y los seres pierden la necesidad de superación personal, todo esto tan alienante para los seres humanos. En un sistema comunista, además, se pierde la libertad.

No es que el dinero sea bueno o malo. Es una energía así como lo es todo, el detalle está en cómo es percibido por el Ser y cómo y para qué es utilizado. El dinero no es un fin en sí mismo, es algo creado por los humanos para obtener cosas. La libertad económica ocurre cuando te sales del sistema, tomas consciencia de que el dinero es fabricado por estos mismos seres, es una energía que durante años ha esclavizado a la humanidad. Hacer uso hoy en día del dinero con un fin de servicio a Dios es perfecto. Todas las experiencias son necesarias para la evolución del ser humano y aunque el dinero es una de las causas fundamentales de los desequilibrios en el planeta Tierra, forma parte de la evolución humana. En los planetas habitados por seres humanos avanzados espiritualmente no existe el dinero porque es innecesario.

A los seres de la oscuridad no les conviene que los seres tengan consciencia del mundo astral ni de algún tipo de espiritualidad. Mientras más ocupados estén en lograr metas materiales generadas por la sociedad de consumo, más atrapados están en un mundo creado para la insatisfacción permanente. Mientras más tienen más necesitan, nunca se sienten plenamente felices, ni logran la libertad económica, porque perciben el dinero como un fin, no como un medio. Crean todo tipo de distracciones para evitar que el Ser Humano se reencuentre a sí mismo y recuerde lo poderoso que es.

Igualmente, pasarse la vida echándole la culpa a los demás de tus errores, de tu pobreza, de tu falta de éxito, tal y como lo inculca el sistema comunista hace que pierdas mucho más que tu libertad: pierdes la alegría de vivir. Solo puede evolucionar fuera de los sistemas aquel que toma consciencia de que estas estructuras no existen en realidad, fueron creadas para alienar.

Los seres de la oscuridad necesitan estas energías para crecer en poder y en número, se alimentan del miedo. Lo más peligroso para la oscuridad es que los seres humanos comiencen a tener consciencia de que viven en un mundo irreal, justamente como la película *The Matrix*. Claro que no es igual todo lo que aparece en la película, no estamos manejados por computadoras, pero el concepto de una humanidad viviendo en un estado hipnótico que le impide ser libre y que los seres humanos no poseen límites es cierto. Si yo te dijera que el ser humano puede volar, te reirías mucho. Pero realmente el ser humano es muy cómodo, prefiere no arriesgarse a sentir la libertad por miedo a asumir la responsabilidad sobre su destino, sobre su Ser. Los límites se los ha puesto el mismo Ser Humano, no Dios. Hay seres en el planeta Tierra que han llegado a salir completamente de lo que llamamos *Matrix*, y son capaces de volar, como los pájaros. También hay seres que viven de la energía del sol y no necesitan ni agua ni alimentos y pueden pasarse veinte años en meditación sin probar bocado.

El ser humano tiene un gran potencial que desconoce, al vivir en total armonía con la naturaleza, puede aumentar la velocidad de su pensamiento hasta niveles inimaginables. Dentro de un tiempo irán comprendiendo el alcance de esta frase. Cada vez nacen más niños con una mayor consciencia de su misión en el mundo, también tienen facultades extraordinarias, tanto intelectuales como espirituales. Tú solamente has comenzado a tener consciencia del mundo astral.

Hay muchas otras dimensiones y además existen mundos o universos paralelos en todas las dimensiones. El concepto del tiempo es relativo a la dimensión en la cual se enfoca la mente humana. Pasado, presente y futuro ocurren simultáneamente para el espíritu y el Ser evoluciona en diferentes sistemas de realidad. Aun así, la mente percibe que va hacia adelante. Pero ya irás poco a poco aprendiendo y teniendo consciencia de universos paralelos y de muchas otras realidades."

Entonces le pregunté cómo podía salir de la *Matrix* y ayudar a los demás a salir de ella. Me dijo: **"Aunque quieras que todos se enteren de esta realidad, muy pocos te creerán. Estar en *Matrix* es muy cómodo para la mayoría, y no escucharán a nadie que les anime a asumir su responsabilidad. Es más fácil vivir en la ignorancia. Para comenzar a salir del sistema debes entrenar a tu consciencia, cada vez que te acuestes a dormir date instrucciones a ti mismo para recordar tus sueños. Al despertar, en ese mágico instante entre despierto y dormido, intenta recordarlos. Poco a poco tendrás una mayor** consciencia de tu Ser a través de ellos. A ti te queda un largo camino por recorrer, pero ya has dado el paso más importante: sientes en tu corazón el intenso deseo de recordar quién eres. Nadie es poseedor de la verdad, ya que hay tantas verdades como seres habitando en el universo, pero lo ideal es que vivas tu propia verdad, crees tu propia vida y no que vivas la vida que otros han creado para ti.

Vivir en consciencia permanente hace que tomes decisiones fuera del sistema, seguirás viendo cómo funciona para los demás, pero no para ti. Todos los pensamientos de las personas se encuentran en el inconsciente colectivo, y este inconsciente forma la gran nube gris del sistema. Esta nube debes atravesarla para pensar por ti mismo. Es como si alargaras una altísima antena desde tu cabeza hasta más allá de la nube gris, porque para pensar claramente debes estar por encima del inconsciente colectivo que son todos los pensamientos caóticos, de frustración, de miedo, de odio, de violencia y de muchos sentimientos destructores y alienantes de la humanidad.

Todas las estructuras que existen en la actualidad han sido creadas para alienar y controlar a los seres humanos. Las diferentes religiones, los centros educativos en cualquier nivel, los sistemas de gobierno, ya sean de democracia, socialistas, comunistas o una mezcla de todos; la estructura financiera, el sistema de salud mundial, distraen al individuo de su principal papel en el universo y evitan que ejerza su libre albedrío con reflexión. Ningún sistema o estructura es mejor que otro, ya que en realidad cualquier tipo de control interfiere con la libertad humana. Para que la sociedad completa se transforme hacia otro tipo de existencia, los individuos deben primero ser informados de que pueden vivir sin la estructura a la cual están acostumbrados. En estos momentos se están desmoronando muchas creencias y paradigmas. Durante los últimos años ha estado fluyendo muchísima luz hacia el planeta Tierra para que sus habitantes despierten y comprendan que para ser libres deberán salirse del sistema.

Los seres de la oscuridad al verse amenazados en sus intereses, están haciendo todo lo que pueden por conservar su dominio sobre este planeta. Mediante el uso de la ciencia de la imaginería han controlado gran parte de la humanidad, crean imágenes mentales basadas en el miedo que seres humanos asumen como propias. Todo esto forma una estructura de enorme poder, ya que el pensamiento colectivo es lo que se manifiesta en la realidad física: guerras, plagas, gobiernos corruptos, violencia, crisis económicas y todo lo que ocurre a nivel físico.

Desde hace un tiempo estamos en guerra. Te pido que te sientes frente a mí porque voy a mostrarte algo que ocurre en este momento en los cielos."

Nos sentamos con las piernas cruzadas, y el maestro me presionó con el dedo índice en el medio de la frente. En ese momento sentí un remolino dentro de la cabeza. Cuando abrí los ojos ya no estábamos en la montaña, el maestro se encontraba a mi lado y sentí que no estábamos en la Tierra. Parecía más bien un lugar sacado de una película de ciencia ficción. Nos encontrábamos en una montaña, detrás de unas rocas. A lo lejos, frente a nosotros había un enorme castillo luminoso, sus paredes estaban cubiertas de diamantes azulados. Era muy alto, mucho más que cualquier castillo medieval. De pronto me asusté mucho al ver unos seres gigantes luchar justo a los pies de la montaña en la cual estábamos situados. El maestro comenzó a hablarme: **"Estas presenciando parte de la guerra que está ocurriendo en estos momentos entre los guerreros de la luz y los guerreros de la oscuridad."** En ese momento vi a los guerreros de la luz, estos se parecían al dios Zeus de la civilización griega, tenían cabellos blancos y barbas blancas y largas. Sus ojos reflejaban fuerza y poder, casi podía decir que fulminaban con su mirada. Sus yelmos eran luminosos y de ellos emanaban rayos de colores. Cabalgaban en unos animales que parecían una mezcla entre caballos y dragones pero con cuernos de unicornio. Sostenían en sus manos enormes lanzas y espadas con las cuales cortaban las cabezas de los guerreros de la oscuridad. Estos últimos estaban decididos a atacar hasta morir, pero parecían más bien desesperanzados. Eran también enormes pero sus rostros no se podían distinguir ya que sus yelmos oscuros los cubrían por completo. Sus lanzas y espadas eran rojas y negras. Iban cabalgando en unos monstruos que me recordaron a unos búfalos gigantes con unos cuernos enormes. Cada vez que moría un guerrero de la oscuridad, se escuchaba un grito ensordecedor que me producía escalofríos. Era obvio en la lucha que los guerreros de la luz, aunque en menor número que los de la oscuridad, estaban ganando. No llegue a observar a ningún guerrero de la luz morir, algunos eran heridos pero inmediatamente otros los ayudaban y los llevaban al castillo. En cambio, los guerreros de la oscuridad heridos eran abandonados por sus compañeros. **"Los guerreros de la oscuridad sienten que ya no tienen nada que perder"** me comentó el maestro. **"Saben que van a morir en esta guerra ya que Dios el Cristo así lo sentenció. Pero luchan por sus vidas hasta el final y se abandonan los unos a los otros ya que no hay ni siquiera una pizca de compasión en sus corazones. Esta escena quedará grabada en tu memoria y, poco a poco, tomarás consciencia de tu papel en esta guerra. Ahora vamos a volver."** En un instante sentí nuevamente el remolino en mi mente y volvimos a la montaña.

El maestro me dijo: **"Te recomiendo que practiques centrar tu energía constantemente en** tu corazón. Tu Ser superior te guía a lo largo de la vida, lo importante es prestar atención a los avisos. Ocurrirán muchas cosas que te van a sacudir. Despertarás recordando sueños extraños que poco a poco irás comprendiendo. El mundo está muy consternado, ya que son tiempos de cambios por el fin de una era y el comienzo de otra. Cada Ser tomará consciencia de lo que esté preparado para asumir, todos llegarán a Dios pero por caminos diferentes."

Por último me explicó algo que me dejó perplejo: "Para llegar a Dios los seres tienen total libertad de escoger el camino. Hay quienes eligen el camino de la luz, y sus muchas vidas reflejarán esta decisión. Pero muchos seres también eligen el camino de la oscuridad para alcanzarlo. Sus muchas vidas serán reflejo de esta decisión, podríamos decir que muchas serán como vivir en el infierno en la Tierra. Gracias a ellos aprendemos de aquello que no es, y nos reconocemos como la luz que somos, pero que ellos también son. Recordemos quiénes somos y ayudemos a otros a recordarlo igualmente. Dios es amor, y está por encima del bien y del mal, al final

todos los que buscan a Dios le encuentran, sea cual sea el camino que hayan decidido recorrer." Una electricidad me recorrió la columna vertebral, antes de que pudiese pensar me desperté, acostado en mi cama, con muchísimo frío y muchas más preguntas.

Capítulo 8
Los Ciclos Universales

Mis amigos y yo conversamos largamente toda la semana. Yo no volví a tener experiencias como las anteriores, pero sentía que dormía muy profundamente y me despertaba lleno de energía y esperanza. Finalmente, llegó una vez más el día viernes señalado por el maestro. Estuvo bien escogido el día ya que no nos hubiésemos podido concentrar en el colegio si tuviésemos la experiencia cualquier otro día de la semana. Volvimos a quedar en acostarnos a las ocho en punto.

Cuando llegué a la casa mi mamá y mi papá me esperaban porque querían hablarme de algo. Nos sentamos en la mesa del comedor y me preguntaron si me estaba pasando algo extraño que quisiera comunicarles. Tenían caras de mucha angustia, me dijeron que desde hacía varios meses había cambiado muchísimo, me acostaba temprano, ya casi ni tocaba los juegos de video y había cambiado hasta la forma de comer.

Siempre he mantenido una excelente relación con mis padres y con mi hermana, de verdad me daba pena no poder contarles todo, pero sentí que no era el momento todavía. Les hablé lo más sinceramente que pude, pero sin comunicarles lo que estaba viviendo en la cuarta dimensión. Les dije que había estado leyendo acerca de la importancia de la meditación y de la oración, que tenía muchas preguntas acerca de Dios y de la vida, que estaba encontrándome a mí mismo. Mi padre entonces me dijo algo que me emocionó mucho: "Doy gracias todos los días por tenerlos a ti y a tu hermana como hijos. Siento dentro de mí que algo especial está ocurriendo en tu vida. Como tu mamá y yo te amamos mucho pero también te respetamos, te recordamos que, sea lo que sea, cuando sientas que quieres hablarnos estaremos aquí para ti." Nos abrazamos y les dije que los amaba mucho. Dentro de mí sabía que pronto podría contarles todo.

Luego de cenar fui a mi cuarto a ponerme el pijama más bonito. Algo inusual que me ha estado pasando es que antes dormía a veces en interiores o con un pijama viejo, pero como entro en el mundo astral me siento mejor vistiendo con mis pijamas más nuevos. Apenas coloqué mi cabeza en la almohada llegó la esperada vibración en la nuca. Me relajé y respiré profundamente. Como siempre, y con mayor consciencia luego de la visita a *Matrix*, me hice la estrella siete veces y recé varias veces el Padre Nuestro y para variar también el Ave María. Ya había aprendido que al relajarme respirando profundamente, llegaba un momento en que ya no estaba ni en mi cuerpo físico ni en mi cuerpo astral, esa relajación hace que la consciencia quede en un intermedio y allí es donde uno decide qué hacer. Como ya sentía la vibración más intensamente me incorporé en mi cama, y comencé a caminar hacia la pared. Aunque podía caminar hacia la ventana, disfrutaba poder atravesar la pared y sentir como mi cuerpo astral pasaba hasta el otro lado.

Subí hacia la montaña sintiendo, otra vez, la paz y la energía de ese increíble mundo, hacía solo unos días que no sentía esa sensación y ya la extrañaba mucho. Llegué hasta la puerta dorada y allí estaban mis amigos

Rodrigo y Ana Emilia, nos saludamos con la mente y nos dirigimos hacia el maestro que nos llamaba. Nos explicó que este último viaje guiados por él sería en dos etapas. Primero nos mostraría el posible futuro del planeta Tierra y luego nos explicaría el resto. Antes de proseguir nos dijo que lo que estábamos por visualizar ya había ocurrido varias veces en el planeta Tierra y que antes de entrar por la puerta dorada debíamos abrir el corazón para entender el proceso desde allí y no con la cabeza.

Nos hizo señas para que nos acercásemos a la puerta dorada. **"Este es mi tercer viaje con ustedes. Recuerden siempre que no todos están dispuestos a renunciar a la comodidad de la ignorancia. No se desesperen en cambiar la forma de pensar de los demás, a todos les llega su hora, tarde o temprano. Cada quien tiene la libertad de elegir salirse o no de *Matrix*. En el futuro cercano volveremos a vernos."**
Me entregó la llave y luego de hacerla girar en la cerradura de la puerta dorada nos adentramos, muy emocionados. Allí estaba esperándonos el libro y su ojo dentro del triángulo nos contemplaba. Colocamos nuestras manos encima de la estrella de cinco puntas e inmediatamente entramos en un gran vórtice de energía que nos arrastraba

hacia un túnel. Seguíamos avanzando a gran velocidad mientras miles de estrellas pasaban a nuestro alrededor. De pronto nos detuvimos, encontrándonos de pie en una montaña. Al ver el cielo observamos cómo las estrellas estaban muy cerca del planeta Tierra, por un lado había una gran oscuridad ya que no habían luces encendidas a nuestro alrededor y por el otro una gran claridad por la cantidad de estrellas.

Nuestro guía nos explicó lo siguiente: **"Estamos parados encima de la cima del cerro Roraima, ubicado en Venezuela, en Sudamérica. Es una inmensa torre de piedra que se formó hace miles de millones de años, en una época de mucha actividad volcánica, antes de que comenzaran a aparecer las primeras formas de vida en la Tierra. En esta zona de la Tierra existe una muy potente energía."** Yo estaba extasiado viendo el cielo, había miles de estrellas muy brillantes y parecían muy cercanas a la Tierra, mucho más de lo normal. Había mucho movimiento cósmico, por así decirlo, y parecía que estuviésemos observando el movimiento acelerado de galaxias enteras.

"La Tierra forma parte de un ciclo entre muchos ciclos universales. Hay un ciclo que ocurre

en el planeta Tierra cada 5.125 años, y este se encuentra dentro de otro ciclo mayor de 25.625 años. A veces en el comienzo de un nuevo ciclo, la Tierra cambia de polaridad magnética porque nos alineamos con el centro de nuestra galaxia, la vía láctea que es una poderosa fuente de energía magnética. Esta poderosa fuerza es capaz de empujar al planeta y hacerlo girar hacia el otro lado. Desde donde nos encontramos, en relación con esa fuente de energía, esta tiene un efecto enorme sobre el planeta Tierra.

Algunas veces estamos alejados de esta fuente de energía y somos de alguna manera ladeados y el efecto es menor. Otras veces estamos más cerca o somos inclinados hacia ella y el efecto es mayor. Desde hace ya 50 años hemos comenzado a sentir cambios físicos y espirituales, pero desde el 21 de diciembre del año 2012, estamos recibiendo una gran cantidad de energía electromagnética en línea recta, sin obstrucciones ocasionadas por cualquier otro planeta o cualquier otro cuerpo en el sistema solar. Ustedes están presenciando desde esta montaña de poderosa energía el primero de tres días de total oscuridad que pudieran cernirse en el planeta Tierra hasta que comience a girar hacia el lado contrario nuevamente.

Este oscurecimiento de la Tierra durante tres días, no ocurrió el 21 de diciembre del año 2012, pero puede ocurrir en cualquier momento posterior a esta fecha, ya que el proceso va a durar unos años. Durante varios años, y hasta que culmine el cambio de era, la Tierra experimentará muchos cambios climáticos y ajustes en las capas terrestres con mayor frecuencia cada vez.

Todos los planetas pasan por ciclos y sus habitantes evolucionan a través de ellos. A un ciclo de era dorada le sigue uno de era de plata, luego el planeta pasa por una era de bronce para finalmente vivir en la era de hierro. El planeta Tierra, luego de grandes cambios primero electromagnéticos y luego físicos, comenzará a disfrutar nuevamente de una era dorada. Ya el planeta ha vivido varias veces todos estos ciclos. Hace más de 12.000 años, existió en la Tierra una de muchas civilizaciones importantes que logró calcularlos. La civilización

Atlántida pudo haber salvado a una gran parte de sus habitantes si hubiese utilizado sus conocimientos científicos y espirituales para la evolución de la humanidad. Pero aun habiendo sido avisados por sus maestros, más bien crearon un mayor caos. Creyeron que experimentando con la energía lograrían evadir los efectos de los ciclos universales. Cometieron errores que les costaron la destrucción de su civilización.

Pero sus sobrevivientes hicieron un buen trabajo, crearon pirámides en Egipto, Perú, México, Bosnia y China con características matemáticas y alineaciones estelares que han desconcertado a los científicos actuales haciéndoles investigar los ciclos terrestres. Estamos percibiendo muchos cambios espirituales dentro de los seres humanos que así lo decidan y que estén preparados. También está aumentando la velocidad vibratoria de los cuerpos físicos y así pasarán a vivir en la tercera dimensión pero con consciencia de cuarta o quinta dimensión.

Algunos seres pudieran ser llevados a ciudades subterráneas. Otros seres serán

trasladados a otros planetas porque así lo han decidido. Los seres humanos que estén preparados para este cambio vibratorio no experimentarán los cambios en el mundo físico de forma drástica, más bien será algo muy placentero. Pero otros millones de seres viven voluntariamente en total oscuridad, ellos vivirán los peores años del cambio de ciclo ya que a todos se les precipitará aquello que tienen por dentro: amor o miedo. En todos los casos, habrá un crecimiento en la consciencia de los seres humanos. Ahora volveremos a la montaña antes de ir a nuestro siguiente destino."

Capítulo 9
La Ciudad Dorada

Al finalizar estas palabras volvimos a sentir una gran energía que nos impulsaba hacia el túnel, luego de ver las estrellas pasar a toda velocidad a nuestro alrededor llegamos al lugar en donde se encuentra el libro del ojo. El maestro entonces nos comunicó lo siguiente: **"Algunos de los sobrevivientes de la Atlántida y de otra gran civilización llamada Lemuria, así como diferentes humanos de otros planetas han reencarnado y vivido desde hace mucho tiempo en el planeta Tierra. Muchos se han mezclado con los humanos ya que su aspecto es muy similar y han intentado ayudar a la raza humana, especialmente en el campo científico. También han construido ciudades que se encuentran debajo de la primera capa de la Tierra en donde existen las ciudades actuales que ustedes conocen. Cerca del Roraima existe una de estas ciudades, pero solo quienes tienen información de dónde se encuentran las entradas a**

estas ciudades tienen acceso a ellas. Si la vida en el planeta Tierra se ve afectada por acontecimientos derivados del ciclo que acaba de terminar, algunos humanos serán contactados, en el plano físico, por estos seres que viven en cuevas o por seres de otros planetas , y otros serán contactados en el plano astral. Es en estas cuevas que al atravesarlas devienen en ciudades, donde algunos humanos podrán habitar mientras duren los años más caóticos de este cambio de era. Ahora vamos a ir al plano astral de una de estas ciudades." Sin permitirnos emitir palabra alguna, pese a todas las preguntas que estoy seguro nos rondaban en la cabeza, nos instruyó para que volviésemos a colocar nuestras manos en la estrella de cinco puntas que se encontraba en el libro. Inmediatamente, volvimos a sentir como nos atraía una fuerza introduciéndonos dentro de un túnel, pero ocurrió algo por primera vez desde que viajamos en el mundo astral, el túnel se abrió en nuestros pies y comenzamos a bajar durante lo que parecieron unos quince minutos pero a una altísima velocidad. Tenía una sensación de aprisionamiento porque podía observar las paredes del túnel que me indicaban la estrechez más que lo espacioso del mismo. Se veían marrones y eran irregulares como si hubiesen cavado un hueco en la tierra.

Finalmente, llegamos al final del túnel, estábamos parados en un sitio plano donde fuimos recibidos por varias personas que nos observaban con curiosidad. Una de ellas era una mujer joven y esbelta, su piel era tan blanca que más bien parecía traslúcida, tenía el pelo amarillo claro cortado casi al ras. Sus ojos eran grandes y de color violeta. Nos dijo amablemente que ella sería nuestra guía.

Lo primero que noté fue la claridad, pese a que nos encontrábamos debajo de la tierra, como si fuese de día, pero sin sol. En ese momento la guía comenzó a hablarnos mientras caminábamos. "Mi nombre es Anika, aunque están observando mi cuerpo astral, vivo en esta ciudad en mi cuerpo físico. Nací aquí, en esta llamada Ciudad Dorada y nunca he salido fuera de ella. Muchas cosas de las que van a observar existen en el mundo físico, pero otras aún no hemos logrado materializarlas. La luz que observan viene de la energía producida por sustancias que emanan luminosidad sin estar en contacto con el sol. Son derivadas de unos minerales aún no descubiertos por los seres humanos de la superficie de la Tierra. Como podrán imaginar la vida en la Ciudad Dorada es muy diferente a la vida en la superficie. Creo que una de las diferencias más importantes es que no existe el dinero, todos somos útiles y todos estamos conscientes de que nuestra misión en la vida es llegar a Dios por el camino de la luz. De esta forma cada quien aporta a la comunidad lo mejor de sí mismo, quien limpia las calles es tan importante como los científicos que investigan nuevas fórmulas de creación de oxígeno o la energía electromagnética del centro de la Tierra.

Tampoco utilizamos vehículos ya que utilizamos nuestro pensamiento para tele transportarnos. Debido a que las calles son estrechas, cuando nos movilizamos en grupo en la ciudad física de la Ciudad Dorada lo hacemos en unos vehículos más pequeños impulsados por magnetismo que se deslizan por unos rieles preestablecidos.

Ahora abordaremos uno de estos vehículos, pero en su aspecto astral, para recorrer las calles mientras les explico acerca de la vida en Ciudad Dorada." Nos dirigimos a un vehículo sin ruedas ni techo, estaba suspendido en el aire. Tenía forma de un óvalo colocado horizontalmente, ni siquiera se podía adivinar cuál era el frente del vehículo, su color era plateado azulado y su textura blanda casi podría decir que esponjosa.

Anika nos pidió que subiéramos y nos sentamos en unos asientos colocados en línea. Ella subió y se sentó junto a mí, delante de nosotros estaban Rodrigo, Ana Emilia y el maestro. Anika nos dijo que el vehículo se manejaba con su pensamiento. De pronto comenzamos a circular por la calle que era más bien estrecha, había personas caminando y se observaban locales como tiendas y lugares para comer a lo largo de la calle.

Anika comenzó a hablar: "Lo más importante, para entender la vida en Ciudad Dorada, es que tenemos una relación con la espiritualidad y con la energía que nos permite crear -o más bien materializar- desde el mundo astral al mundo físico de forma voluntaria. Una gran parte de la educación que reciben los niños que nacen en Ciudad Dorada es sobre el manejo de los estados vibratorios de sus cuerpos para pasar en consciencia a las distintas dimensiones. También los niños aprenden a materializar, primero en el mundo astral o cuarta dimensión y luego desde el mundo astral al mundo más denso de la tercera dimensión.

En el mundo astral, cuando el pensamiento, las emociones y la energía se encuentran en armonía es posible crear cualquier cosa. Nuestros niños aprenden que al crear se asume una responsabilidad, es decir, el creador es totalmente responsable de sus creaciones. Si crean una mesa deben hacerla perfecta, si la mesa es creada con solo dos patas, su creador deberá pasar por el proceso de desmaterializar y crear simultáneamente otra cosa.

Al vivir en total consciencia en el mundo astral o cuarta dimensión y en el mundo físico o tercera dimensión se comprende que la muerte es solo una transformación. Además, al tener una mayor consciencia del Ser, se puede vivir en varios universos paralelos en forma consciente. Cada persona dependiendo de su nivel de consciencia, es capaz de vivir en total consciencia varias vidas tanto astrales como físicas al mismo tiempo. Yo por ejemplo vivo en esta ciudad, tengo a mis padres y dos hermanos, pero también tengo consciencia de que vivo en un universo paralelo en el cual soy una científica que se dedica a hacer experimentos con el agua. Allí tengo un esposo y una hija que me acompañan en mis viajes. Mi Ser tiene consciencia de que vivo allí y también acá en la Ciudad Dorada, y yo tengo chispas de consciencia de vez en cuando, en especial cuando duermo, que me recuerdan que estoy evolucionando en diferentes niveles y realidades todo el tiempo. Pero esto no solamente ocurre en el mundo astral sino también en el mundo físico, es decir, aunque ustedes no tengan consciencia, existen universos paralelos físicos en los cuales vive su Ser y está evolucionando continuamente.

En la Ciudad Dorada no hay dinero tal y como les expliqué anteriormente, no lo necesitamos porque vivimos en total armonía y nuestras necesidades básicas son cubiertas por la energía que nos rodea. Requerimos de pocos alimentos porque hemos logrado identificar todos sus nutrientes y los importantes aportes a nuestros cuerpos. Así, de forma intuitiva, comemos exactamente lo que necesitamos para mantener nuestro equilibrio nutricional. Comprendemos que la naturaleza fue creada perfecta y el Ser Humano no requiere de nada fuera de ella para ser completamente feliz. Existen personas totalmente diferentes con gustos y habilidades distintas. Algunos son más talentosos como arquitectos y se dedican a crear las casas y los demás lugares físicos, otros son científicos natos y viven para descubrir cosas nuevas que beneficien a los humanos en la superficie y a nosotros en la ciudad. Otros son artistas y hacen de nuestra ciudad un placer para la vista con sus creaciones originales, también varios artistas se han dedicado a crear nuestra vestimenta, por eso pueden ver que es a veces muy llamativa.

En el centro de aprendizaje que se encuentra en medio de la ciudad, todos los niños desde los 3 años asisten para descubrir qué es lo que desean hacer en esta vida. Allí está la cámara del tiempo en la que pueden entrar y aprender de la historia del planeta Tierra, desde sus comienzos hasta ahora, como si estuviesen viendo una película. Pueden además ver sus vidas pasadas en la cámara del tiempo si lo desean y necesitan para evolucionar. A veces no hace falta porque ya las recuerdan a través de sus sueños. Es un aprendizaje vívido. Los sabios rondan por todos los pasillos y cualquiera puede hacerles preguntas.

Recuerdo cuando era niña estando en el centro de aprendizaje, que una vez le pregunté a uno de los sabios que estaba dando una charla acerca del bien y del mal, por qué Dios permitía que las personas hicieran actos malos. El sabio me respondió algo que nunca olvidaré: "El perdón es la manifestación más sublime del amor, nos acerca a la misericordia de Dios el Padre. El momento para decidir o no perdonar a alguien, es crucial para nuestra evolución. Luego de muchas vidas evolucionando hacia la luz, lograrás mirar a quien decidió hacerte mal, como a un ayudante de Dios que permitió que tú aprendas a perdonar. "Con la vara que midas serás medido". Al juzgar a los demás seres porque los consideras peores que tú te estarás juzgando a ti misma. Recuerda que la experiencia que ellos están viviendo es justamente la que necesitan para evolucionar. Tú fuiste o serás como aquel a quien juzgas."

Como uno de nuestros objetivos fundamentales de evolución es aprender a pasar en consciencia del cuerpo físico al astral, aprendemos que la realidad es mucho más de lo que creemos y observamos. El cuerpo físico tiene una duración más corta que el cuerpo astral, así, cuando una persona llega a una edad mayor a 120 años, puede decidir abandonar el cuerpo físico y continúa viviendo en el mundo astral. Veo que se asombraron cuando les dije 120 años, pero aquí la vida transcurre de una manera diferente y debido a que nuestra salud es óptima no es raro conocer a maestros espirituales de más de 500 años en sus cuerpos físicos. Los pocos alimentos que consumimos son totalmente naturales, frutas, vegetales, granos y verduras son nuestra dieta de todos los días. No consumimos sustancias que deterioran nuestros cuerpos y acortan nuestra vida como hacen los humanos en la superficie de la Tierra. Aquí no existen drogas, alcohol, medicamentos artificiales, cigarrillo ni comidas con colorantes o productos como preservativos químicos. En la naturaleza encontramos todo lo que necesitamos, así fue en el principio de la creación y así volverá a ser en la nueva era.

Pero igual que ustedes somos humanos experimentando la vida y si existen accidentes o problemas debemos solucionarlos de la mejor forma posible. A veces nos curamos utilizando los productos naturales que hemos creado y otras mediante el manejo consciente de la energía. Por ejemplo, mi madre se cayó hace unas semanas y hubo que repararle el tobillo. Fuimos a casa de un sanador, allí primero se utilizaron unos cristales de energía para desinflamar el pie, luego con medicamentos naturales disminuyeron el dolor y después con masajes de cremas derivadas de plantas medicinales el pie fue curándose a sí mismo. Tenemos también unos sanadores especialistas en medicina homeopática, todos sabemos que el cuerpo puede curarse a sí mismo si se le incentiva con las sustancias adecuadas. Igual seguimos investigando nuevos métodos de sanación, tanto para nosotros dentro de la Ciudad Dorada como para que los humanos de la superficie los utilicen algún día.

A los niños también se les enseña este tipo de sanaciones desde muy pequeños. Los niños sienten los centros de energía de sus cuerpos y los limpian todos los días, igual a como se cepillarían los dientes en la superficie. Cuando se enferman o tienen algún accidente, el adulto a cargo incentiva al niño a ver la experiencia como una oportunidad de crecimiento espiritual. Así aprende a observar los cambios en la energía de su cuerpo, en sus emociones y a relacionarlos con los cambios físicos. De esta forma comienza a tomar consciencia de que todo lo que se materializa en el mundo físico primero existe como energía en un plano superior, luego se observa en el mundo astral y al final sólo se materializa en la tercera dimensión lo que no se llegó a transmutar.

Claro que también existen accidentes más complicados, e incluso ha habido muertes de personas en la Ciudad Dorada tanto en el mundo físico como en el astral. Hacemos todo lo que está en nuestras manos para vivir en armonía con la naturaleza. Lo más importante que hemos aprendido es a convivir en amor, cada vez que algo no resulta como esperamos nos enfocamos en sentir a Dios el Padre en nuestros corazones para entender que todas nuestras vidas forman parte de un aprendizaje que nos acerca cada vez más a Él. Todo lo que hacemos es procurar servir al Padre, y sabemos que lo estamos sirviendo porque sentimos en nuestros corazones su presencia amorosa que nos guía en nuestros pasos. Cada vez que nos equivocamos aprendemos más de la vida, y recordamos que para eso vivimos, aprendemos a ser mejores y esperamos que otros puedan serlo también. "De pronto Anika se me quedó mirando, y adivinándome el pensamiento me dijo: **"Estás preguntándote cómo se muere uno en el mundo astral. Les explico que así como se acumula karma o dharma en el mundo físico, también ocurre lo mismo en el mundo astral. Algunos seres deciden cumplir con su karma y morir en el mundo astral de forma voluntaria."** Me sonreí al darme cuenta de que era un libro abierto para ella, pero luego me aclaró: **"No he leído tu pensamiento, pues eso sería una interferencia que generaría un karma para mi Ser, tú mismo has enviado telepáticamente tu pensamiento a mi**

mente." Entonces todos soltamos una gran carcajada, incluida Anika.

Y siguió explicando: **"Hemos sido visitados en varias ocasiones, en el nivel astral de la Ciudad Dorada, por seres de la hermandad de la oscuridad que han intentado inmiscuirse en nuestra evolución. Por esta razón, muchos de nuestros maestros se pasan la vida creando sistemas de protección energéticos derivados de oraciones continuas hacia el Padre Universal y mantras que cantan a toda hora. Vivimos en constante amenaza de muchos seres que observan la Ciudad Dorada como un escape para las consciencias manipuladas de la mayoría de los seres humanos.**

En estos momentos las fuerzas de la luz y de la oscuridad se encuentran enfrentadas por dos sistemas de evolución diferentes. Ya es tiempo de cambios profundos en la consciencia de los seres humanos y los seres de la oscuridad tienen miedo de perder el dominio que han tenido hasta ahora."

Durante todo el trayecto del viaje, veíamos la ciudad y observábamos a las personas caminando por las calles. Llegamos a un riachuelo que salía de una grieta de una montaña, allí nos bajamos del vehículo y Anika nos pidió que bebiésemos de esa agua y nos entregó unos vasos dorados, en el fondo de cada uno había una pequeña piedra de color verde. Cada uno se fue acercando a beber un sorbo de esa agua que parecía más densa de lo normal. Noté una gran energía que me recorría el cuerpo, sentí como cada parte de mí vibraba intensamente y tenía consciencia de cada una de mis células. Sentí además una fuerte presión en el entrecejo. Anika nos explicó que el agua estaba energizada con esa piedra originaria de la constelación de Orión y que además se utilizaba para abrir el tercer ojo. Me sentí inmensamente feliz.

Seguimos el riachuelo y llegamos a un pozo en donde se veían unos delfines nadando. Anika nos pidió que nos metiésemos dentro del pozo. Comencé a entrar en el agua y fue una de las sensaciones más fabulosas nunca imaginadas, no me mojaba. Así de simple, era agua pero no mojaba, podía pasar mis dedos por ella y sentía la sensación de que era líquida pero sin empaparme.

Anika nos dijo: **"Este lugar existe en la ciudad física, pero como están en la ciudad astral les voy a regalar una maravillosa experiencia. Yo soy la**

guardiana de este pozo y los delfines que observan son mis amigos. Ellos son seres extraordinarios y muy evolucionados que son capaces de modificar los estados energéticos de los seres humanos en unos minutos. Debido a que se encuentran en el mundo astral, van a sentir como respiran agua sin ahogarse. Ahora entren al agua a jugar con los delfines, permítanles guiarles hacia las profundidades del pozo." Sin pensarlo dos veces, nos metimos los tres al agua y cada uno abrazó a un delfín para nadar. Es la sensación más hermosa que he sentido, acariciaba a mi delfín y sentía el traspaso de su energía a mi cuerpo. Puedo describirlo en una sola palabra: Alegría. Observé a mis amigos nadar cerca de mí, tenían caras de total placer. Bajamos hacia el fondo del pozo, había muchos peces de colores y otros animales marinos extraños. Respirábamos el agua, me creí totalmente libre. Luego de nadar un largo rato subimos a la superficie y aunque me hubiese podido quedar allí durante muchísimo tiempo más Anika nos dijo que ya era hora.

Nos pidió que nos agarrásemos de las manos porque ya era momento de volver. Asimismo nos solicitó que escribiésemos todas nuestras experiencias para que el recuerdo no se diluyera en la mente física. Nos dijo que casi todo lo que habíamos visto existía tanto en el mundo físico como en el astral. Pero que la entrada a la Ciudad Dorada no sería revelada a los seres humanos hasta dentro de un tiempo y solo se hará por medio de otras dimensiones, así que sólo aquellos cuya consciencia esté despierta podrán conocer el lugar.

De pronto comenzamos a sentir como nuestras manos se disolvían y poco a poco nuestros cuerpos entraban de nuevo en el túnel pero esta vez sentíamos que nos atraían hacia arriba. Cuando llegamos a la superficie nos miramos sin decir palabra alguna. Lo que acabábamos de vivir estaba fuera de toda imaginación. El maestro entonces pronunció sus últimas palabras antes de volver al mundo físico: **"Recuerden siempre que mas allá de todas las experiencias que han vivido se encuentra Dios, solo en Él debemos tener Fe y rezarle desde el corazón; esto es lo más importante. Lo que la humanidad está experimentando como cambios climáticos y geológicos va a ir acentuándose. De nada valdrán los millones acumulados en una cuenta bancaria cuando llegue el momento del cambio de era. Sólo** valdrán las millones de partículas de amor que estén en sus corazones y su sincera decisión de hacer la voluntad de Dios. Cada individuo debe intentar buscar la verdad por sí mismo y el mejor lugar para encontrarla es en su propio corazón. Nos volveremos a ver en unos meses para que puedan ir integrando lo aprendido. Seguirán experimentando tanto individual como en grupo en el universo astral, recuerden hacerse la estrella de cinco puntas en el cuerpo antes de iniciar un viaje. Su misión ahora es transmitir al mundo sus conocimientos de la mejor forma posible. Recuerden que una de las lecciones más importantes de aprender en el mundo físico, aquí en el planeta Tierra, es lograr un balance entre lo positivo y lo negativo. Ningún extremo es bueno, los fanáticos están en desequilibrio. No existe una fórmula mágica para lograr el equilibrio ya que cada quien debe buscar el suyo. El mensaje no es que abandonen sus vidas y mediten comiendo vegetales de ahora en adelante. La enseñanza más importante es que lo fundamental es despertar, tomar consciencia y luego buscar la verdad en sus

vidas. La mayoría no los van a entender, muchos los tildarán de locos, les recomiendo no frustrarse, cada quien despierta justo en el momento indicado. No se puede interferir en la vida de los otros seres a no ser que estos nos lo permitan. Queridos Ana Emilia, Rodrigo y Nacho, pido a Dios que continúe acompañándoles y bendiga sus vidas."

Luego de esa gran emoción desperté, con muchísimo frío en el cuerpo pero con un gran calor en el corazón. Lágrimas de alegría corrían por mis mejillas.

SEGUNDA PARTE

Capítulo 10

El Universo Astral

En estos últimos meses mi vida y la de mis amigos ha cambiado para siempre. La realidad no es lo que creíamos y cada día lo confirmamos, no sólo con nuestros viajes en el mundo astral, sino a través de nuestros sueños que, poco a poco, se han ido tornando más claros y numerosos. Ahora, al despertar por las mañanas, mi primer pensamiento es para Dios, le doy las gracias por la paz y la alegría que siento crecer dentro de mi alma y por permitirme experimentar otra parte de su creación. Luego, me concentro en recordar todo lo que puedo de mis sueños y de los viajes en el mundo astral.

Cada uno de nosotros ha tenido experiencias diferentes, de acuerdo quizás a sus preferencias y deseos más profundos. Hablamos siempre de lo que nos ocurrió la noche anterior, a dónde fuimos y qué aprendimos del mundo astral. No todos los días logramos la vibración, todavía no sabemos a qué se debe que algunos días sí la sintamos y otros no. De lo que sí estamos seguros es que ya no podemos vivir sin conectarnos en consciencia con nuestro cuerpo astral. Aun cuando el maestro nos indicó que es hora de transmitir lo que estamos aprendiendo, no nos hemos sentido preparados para explicar aquello que todavía nos cuesta aceptar.

Hemos comprendido que bajo la guía del maestro las experiencias astrales son más fáciles. Llegamos a la conclusión de que para tener viajes astrales completos y sin interrupciones debemos ejercitar nuestra consciencia para no dejarnos llevar por nuestros deseos. Parecía que el maestro nos ayudaba a mantenernos concentrados en nuestros viajes, atrayéndonos a su presencia y guiándonos a través de la puerta dorada. Quizá por eso nos ha dejado que experimentemos solos durante un tiempo, para aprender a manejar mejor nuestros pensamientos y emociones en el mundo astral.

Aunque hemos vivido experiencias diferentes todas son extraordinarias. Ana Emilia, por su lado, siente un profundo amor por todos los animales y cada vez que sale en su cuerpo astral procura buscarlos y relacionarse con ellos, evitando encontrarse con los cuerpos astrales de las personas. Nos comenta que los animales tienen una inteligencia increíble y que, aunque no tienen la misma consciencia humana; son capaces de transmitirle conocimientos acerca de una naturaleza que jamás hubiese imaginado. Ella afirma que algunos animales al morir tienden a agrupar sus espíritus para evolucionar como especie. Todos aprenden de los conocimientos adquiridos por cada uno. Parece que el contacto amoroso de los humanos eleva la consciencia de los animales, así como nosotros elevamos nuestra consciencia con la ayuda del maestro.

Una vez, Ana Emilia se encontró con un león que, mientras lo acariciaba como si fuese un cariñoso gato transmitiéndole amor, él le retribuía con una fuerte energía de poder. Ella nos dijo que esa sensación la estuvo sintiendo durante muchos días y que cada vez que lo necesitaba acudía a su amigo el león para intercambiar energías. Que quizás si viviésemos en armonía con la naturaleza podríamos tener una relación especial y enriquecedora con cualquier animal de la tierra. En esto creo que tiene toda la razón, pues mientras nosotros los humanos, supuestamente los seres más inteligentes del planeta, hemos ido destruyendo poco a poco la hermosa naturaleza creada por Dios, los animales sólo han intentado sobrevivir.

Ella ha podido relacionarse con muchas especies animales que vemos sólo en la mitología. Nos cuenta que los unicornios le comunicaron que existieron hace muchos años en el planeta tierra, hasta que transcendieron, pasando a la cuarta y quinta dimensión, y que son muy inteligentes y evolucionados. Ha visto dragones volando, sirenas nadando en el mar y centauros cabalgando en los bosques. Ha intentado hablarles pero aún no ha podido comunicarse porque se alejan de su presencia.

También ha comprendido que hay animales más evolucionados por su forma de comunicarse con nosotros, y que los caballos, los chimpancés, los perros, los gatos y los delfines son definitivamente algunos de los animales superiores en consciencia en el plano astral.

Luego de nuestra experiencia acuática en Ciudad Dorada, Ana Emilia se concentra a menudo en volar con su cuerpo astral hacia el mar y puede tocar con su mano las olas, mientras decide dónde hundirse para nadar junto a los delfines con quienes ha establecido una intensa conexión. Para ella es una sensación inigualable poder respirar bajo el agua, mientras los abraza y acaricia. Insiste en que los delfines y las ballenas le han transmitido que son animales con una consciencia muy evolucionada y un claro propósito de servicio en el planeta tierra. A veces también siente que hay un plan del cual todos formamos parte y que los animales son, de alguna forma, maestros nuestros.

Pero así como ha entrado en contacto con animales amistosos, también ha visto animales desagradables como arañas, vampiros, hormigas, cocodrilos, los cuales la han hecho sentir miedo e, incluso, en el caso de las serpientes han intentado morderla, situación que no llega a comprender. Definitivamente todos tenemos nuestro papel en este mundo, y aunque aún no lo entendemos, colaboramos entre todos desde más allá de los límites físicos.

Por otro lado, Rodrigo ha tenido más precaución al salir en su cuerpo astral, sin embargo, cuando lo ha hecho se ha topado con situaciones bien interesantes. Una vez encontró a una niña sentada en su cama apenas salió de su cuerpo físico. Al principio él se asustó, pero luego la niña le habló explicándole que ella había dejado su cuerpo físico de forma definitiva aunque no deseaba dejar todavía a su familia, ya que ésta se encontraba muy triste con su partida. Rodrigo nos comentó que al principio la niña le pareció una total desconocida, pero luego de escuchar sus palabras pensó que quizás la conocía de algún lado.

Ella le dijo a Rodrigo que se sentía en paz y que sabía que su muerte, a temprana edad, había sido parte de un aprendizaje necesario para ella y para su familia. Le explicó a Rodrigo que había muerto de una extraña enfermedad que primero la había dejado inválida y que luego, poco a poco, fue atrofiando el sano funcionamiento de sus órganos. Habían acudido a muchos médicos, pero ninguno logró curarla. Su madre había dejado de trabajar y se quedó cuidándola durante varios años. Trataban siempre de estar juntos compartiendo en familia mientras rezaban por su recuperación. Su padre se había desesperado mucho por no poder salvarla, pero al final había decidido dejar la situación en manos de Dios. Su enfermedad les había unido mucho. Ella esperaba que sus padres y su hermano, en la búsqueda de una explicación a su muerte, encontrasen la luz de Dios para sus vidas, justo lo que necesitaban para su evolución.

Rodrigo le pidió a la niña que le mostrara a su familia y ella lo llevó volando hacia una ciudad cercana. Allí entraron en su casa, sus padres estaban sentados en la cama dentro de su cuarto y se sentía una gran tristeza. Ella se les acercó y los abrazó tratando de transmitirles paz y esperanza, pero ellos no parecieron darse cuenta de esto. Luego, continuó hacia el cuarto de su hermano que estaba dormido en la cama. De pronto su hermano apareció a nuestro lado en su cuerpo astral, ella lo abrazó, le dijo que estaba muy feliz y que su vida había sido perfecta, pero que todos necesitaban aprender de lo que había ocurrido y que necesitaba que él ayudara a sus padres a salir del estado de depresión rezándole a Dios. Ella le pidió que les dijera que los amaba muchísimo, que al dejar su cuerpo físico se sentía con muchísima energía y que todo había ocurrido exactamente como ella lo había dispuesto antes de su nacimiento. Rodrigo imaginaba que el hermano de la niña quizás recordaría este encuentro como parte de un sueño.

También nos dijo que aunque tenía aspecto de niña cuando hablaba parecía una persona mayor con mucho conocimiento. Le preguntó porqué ella decía que había tenido una vida perfecta dado que había escogido su enfermedad y muerte temprana. Ella le respondió lo siguiente: "He vivido muchas vidas físicas en este plano de existencia y en una vida anterior mis padres fueron mis hermanos. Vivimos en una granja en Francia en el siglo XIX y yo era el hermano mayor. Para que yo pudiese estudiar, mis hermanos se quedaron ayudando a mis padres en la granja. Logré ir a la universidad en París y me convertí en médico.

Mis hermanos sentían una gran envidia porque no habían podido salir de la granja, ambos murieron jóvenes antes de yo regresar de la ciudad y no los volví a ver. Al planificar la reencarnación en esta nueva vida, acordamos que yo viviría poco, pero que eso haría que nos uniésemos en un sentimiento de amor profundo y que habría un aprendizaje mutuo. Eso nos daría la oportunidad de balancear nuestro karma y de experimentar diferentes emociones que sanarían nuestras relaciones. Son muchos los aspectos de mi personalidad en los cuales deseo seguir creciendo y pronto seguiré mi camino hacia planos superiores para planificar mi próxima existencia. En esa misma vida, en Francia en el siglo XIX, tú fuiste mi maestro en la universidad, me enseñaste todo lo que sabías acerca del funcionamiento del cuerpo y la mente, por eso me acerqué a ti ahora, para ayudarte a recordar parte del conocimiento que ya tienes.

Todos venimos al planeta tierra en un cuerpo físico para vivir experiencias justamente en una densidad de materia específica. Algunos pasan la vida pensando que es un castigo vivir en la tierra y que estarían mejor en el cielo, pero no recuerdan que ya estuvieron allí y que justamente decidieron vivir la experiencia en la tercera dimensión, porque deseaban aprender a traer la luz a la materia. Creemos que estaríamos mejor sin cuerpo físico, olvidando que es el mayor regalo de Dios para nosotros porque sin este seríamos incapaces de experimentar esta parte de su creación. Tú dedicaste parte de esa vida como doctor a comprender el funcionamiento de los pensamientos y emociones, de su impacto en el cuerpo físico. Me enseñaste que somos aquello en lo que creemos, que nuestros límites se encuentran en nuestra mente y que vemos la realidad de acuerdo a lo que escogemos. Estabas muy cerca de lo que hoy en día afirman los físicos cuánticos." Ambos se sonrieron al reconocerse mutuamente, Rodrigo nos dijo que se sintió muy feliz de haberla encontrado de nuevo, aunque no recordaba los detalles de aquella vida de la cual le hablaba.

Luego, la pequeña le comunicó que unos seres de luz la estaban esperando para pasar a un nuevo plano de existencia. Todos nos quedamos muy impresionados con su experiencia, parecía que cada día íbamos recuperando partes de un gran rompecabezas.

Yo, por mi parte, he decidido explorar el mundo y el espacio. Hace unos días podía ver desde el cielo, como si fuese un ave planeando, una fila de elefantes y camellos caminando en lo que parecía un desierto. Varias veces me he concentrado en despegar como un cohete hacia arriba hasta cruzar la atmósfera terrestre y he visitado planetas que ni siquiera sé los nombres o dónde están ubicados. Una vez llegué a un lugar con montañas de arena y sus habitantes entraban y salían de naves espaciales. Eran seres muy altos, los hombres medían más de 2 metros y las mujeres eran casi del mismo tamaño. Unos eran de pelo amarillo casi blanco, piel muy pálida y ojos azules; otros eran de piel marrón clara, pelo castaño claro y ojos grises o marrones. Todos tenían los ojos un poco más grandes que nosotros los terrícolas y sus labios delineados de rosado. Las orejas eran pequeñas y sus manos tenían dedos largos y finos.

En otro lugar, unos seres estaban nadando en un mar y había ballenas compartiendo junto a ellos. Se parecían a los de la raza humana, pero sus ojos eran mucho más grandes y vivos, el color de su piel era verde y sus cabezas eran más grandes. En otro planeta hallé estructuras en forma de pirámides, había también desiertos y sus habitantes parecían humanos con rasgos orientales, pelo negro liso, a veces muy largo, ojos rasgados y piel amarilla o marrón clara. Al despertar me vino a la cabeza el nombre Nibiru, quizás es el nombre de ese o de algún otro planeta.

En todos los planetas que he visitado intento mantener conversaciones con sus habitantes, presentándome como un humano en su cuerpo astral y diciendo que vengo de un planeta llamado tierra. La mayoría no comprende muy bien de dónde provengo, pero a veces me hablan un poco de sus vidas. Les parece interesante que tenga consciencia de mi cuerpo astral, teniendo una existencia física. Pareciera que yo me relaciono con el cuerpo astral de estos seres y, al igual que en la Tierra, algunos están más despiertos que otros.

He visitado ciudades de este planeta, pero a veces no logro saber cuáles son porque, aunque se parecen a las ciudades físicas, no son iguales a estas. Entro en las casas y veo cómo viven las personas, quizá esto parece un entrometimiento pero a veces mi curiosidad es demasiada. Muchos seres duermen y sus cuerpos astrales apenas se alejan de sus cuerpos físicos, mientras a otros me los encuentro en situaciones diversas: jugando fútbol, comiendo, bailando o pintando. Entro de vez en cuando en escenarios muy confusos, podría llamarlos hasta grotescos, veo unos cuerpos encima de otros, casas partidas por la mitad con objetos regados por todos lados y habitadas por personas con caras de miedo.

En una única ocasión sentí que me estaba acercado sin quererlo a un lugar peligroso, digo esto porque me llegó una energía muy desagradable, no sé si el maestro me guió sin que me diese cuenta, pero decidí observar lo que ocurría. Había varios seres asustados rodeados de monstruos; parecía que estaban atrapados en su propio mundo de emociones y que no lograban escapar de este. Sentí como una arena movediza en mis piernas, no lograba salir de allí. Algo me agarró del brazo y me sacó del lugar. Inmediatamente desperté del susto, me dio mucha tristeza verlos sufrir de esa manera, pero me alegré de no haberme quedado allí atrapado.

A quien me he encontrado varias veces en su cuerpo astral es a mi hermana Victoria. Cada vez que la veo le tomo la mano y salimos volando. Hemos ido a playas hermosas y a lugares de mucha vegetación con pájaros y mariposas hermosas. Ella parece sentirse muy a gusto volando en el mundo astral, hablamos poco pero he sentido que, aunque es pequeña en edad, tiene un alto nivel de consciencia. Cuando a la mañana siguiente le pregunto si soñó algo diferente, ella no recuerda nuestros viajes y yo no insisto. Estoy seguro de que así como yo comencé a sentir la vibración, ella lo hará cuando sea su momento.

Hace poco tuve un sueño que se me ha repetido varias veces en formas diferentes. Me encuentro con mi familia y les comento que puedo volar. Ellos me observan saltar y sostenerme en el aire pero no entienden cómo logro hacerlo, paso a través de paredes e, incluso, de personas para que vean que sí se puede. Seguidamente, les muestro cómo hacerlo y, a veces, sostengo a alguno de mis padres o a mi hermana para ayudarles a aprender.

Les afirmo, además, que si ocurre un cambio de vibración en el planeta tierra todos nos sentiríamos más livianos y podríamos volar fácilmente.

En otros sueños, al observar el cielo, veo miles de naves espaciales o muchísimas estrellas y planetas dando vueltas aceleradamente. No tengo idea de qué pueda significar esto, pero una vez se me acercó un extraterrestre que bajó de una nave enorme y me colocó un aparato en el oído izquierdo, parecía un traductor que me permitía entender su idioma. Pero me ocurre que pasados unos minutos, luego de despertarme, olvido muchas de las conversaciones que he tenido en los sueños. He tratado de escribirlas apenas abro los ojos, cosa que me ha ayudado, pero todavía necesito más práctica.

Así mis amigos y yo hemos tenido, poco a poco, mayor control sobre nuestros cuerpos astrales, pero no todo el tiempo podemos decidir a dónde ir. A veces me encuentro con corrientes de energía que me arrastran hacia sitios que no deseo ir. A veces observo escenarios en la ciudad bastante extraños y debo recordarme con frecuencia que no debo juzgar el mundo astral desde mi mente física. Entiendo que si los pensamientos y las emociones de los habitantes de un lugar son confusos, eso se refleja claramente en la parte astral de la ciudad. A veces cuando vuelo encima de una ciudad, ésta aparece brillante y luminosa, ordenada y hermosa e, inmediatamente, comprendo que me encuentro en un nivel astral más alto, pero aún no comprendo porque a veces llego a un escenario u otro.

Si me sobresalto por algo regreso, inmediatamente a mi cuerpo y tengo que volver a concentrarme y relajarme para salir de nuevo, pero a veces no logro hacerlo y me duermo. Rodrigo y Ana Emilia también me comentan lo mismo, que a veces sus deseos son más fuertes que su voluntad y se sienten manejados por ellos. Algunos días estamos más cargados de emociones, entonces los viajes resultan más difíciles de controlar o dirigir y terminamos teniendo sueños variados relacionados con dichas emociones.

Cada vez que salgo de mi cuerpo y decido atravesar la pared o la ventana pienso en el maestro y en cuánto lo extraño. Usualmente siento un poco de miedo porque, aún cuando me haga la estrella de cinco puntas continuamente alrededor de mi cuerpo y rezo el Padre Nuestro, soy vulnerable en ese nuevo mundo cargado de emociones.

Capítulo 11

Melquisedec

Finalmente, una noche sentí una fuerza que me impulsaba a volver a las piedras de la montaña detrás de mi casa. De un solo pensamiento me dirigí allí; al llegar, distinguí al maestro que se encontraba sentado con un gato entre las piernas. El maestro y el gato hablaban tranquilamente como si se tratara de dos personas. El maestro me observó complacido de que hubiese llegado y me dijo: "**Querido Nacho, me alegra mucho verte de nuevo. Les he contemplado a los tres durante todo este tiempo, sé que han logrado sobreponer cada vez con más fuerza su voluntad por encima de sus impulsos, pero recuerden que dejarse llevar por las emociones no es un error. Son los sentimientos los que indican qué área de la vida física debemos equilibrar. Prestándoles atención sabremos qué mensaje nos está dando nuestro Yo Superior. Es a** través del cuerpo astral como el Ser evoluciona en aspectos emocionales que, si no se resuelven en dicho plano, luego se reflejan en el cuerpo físico en forma de dolencias o enfermedades.

Si sienten ansiedad, rabia, miedo, dolor u odio deben aprender a identificar el sentimiento y luego intentar ubicarlo en alguna parte de su cuerpo para irradiarle amor hasta sentir paz. La dualidad está presente en todo lo que observamos y sentimos, al colocarnos únicamente en el lado que consideramos bueno estamos agudizando nuestra percepción de lo malo. Al integrarnos con Dios, en el centro de nuestro corazón, evitando juzgar a quienes nos rodean y a nosotros mismos, encontraremos un punto neutro desde el cual observaremos con claridad nuestra propia vida.

Los prejuicios de la tercera dimensión no tienen cabida en el mundo astral, lo correcto y lo incorrecto a veces no se diferencian ya que nuestra consciencia está ampliada y comenzamos a observar lo que nos rodea, no desde la orilla del

bien o del mal, sino desde nuestro centro en un sentimiento de amor y comprensión.

Para continuar con su aprendizaje, mañana viernes vamos a encontrarnos aquí en el círculo de piedras, avísales a Rodrigo y Ana Emilia." Me emocioné tanto al escucharlo que, sin que pudiese emitir palabra alguna, desperté en mi cama, feliz de que el maestro hubiese vuelto.

He llamado a mis amigos y hemos quedado en encontrarnos en la plaza luego del colegio. Cuando llegaron, enseguida les comuniqué que finalmente había aparecido el maestro. Se alegraron muchísimo como yo. Les hablé de lo que me había explicado de los extremos, de los sentimientos negativos y del punto neutro. A todos nos ha ocurrido que en el mundo astral perdemos la voluntad, dejándonos llevar por nuestros deseos y emociones, es como si nos arrastrase una corriente de energía hacia lugares y situaciones sin control alguno.

Al rememorar nuestro primer encuentro con el maestro en el círculo de piedras frente a la puerta dorada, nuevamente nos acostamos a las 8:00 p.m. Los tres habíamos acumulado tantas preguntas que estábamos desesperados por volver a verlo.

Comencé a rezar el Padre Nuestro y a respirar profundamente, me hice con calma la estrella de cinco puntas siete veces y comencé a sentir la vibración en la nuca. Durante este tiempo había aprendido a intensificar la vibración a voluntad, me concentraba en la nuca y hacía un pequeño esfuerzo muscular que hacía mover mis oídos por dentro, la vibración aumentaba y había logrado llevarla a todo mi cuerpo hasta que sentía que me encontraba en un limbo. En ese instante sabía que estaba preparado para incorporarme y, al hacerlo, sentía cómo mi cuerpo se despegaba.

Estaba ansioso por llegar a la montaña, así que salí volando por la ventana directamente hacia allá. Al llegar encontré al maestro sentado frente a una de las piedras hablando con Ana Emilia. Rodrigo llegó casi al mismo tiempo que yo. Los tres nos sentamos con las piernas cruzadas y las manos en las rodillas imitando al maestro. Apenas le miré a los ojos sentí que un pulso, que a veces percibo en los pies, me cubría el cuerpo entero. Lo primero que pensé es que yo era un corazón gigante.

El maestro sonrió y comenzó a hablar: "**Me contenta mucho volverlos a ver. Tal y como han supuesto, me alejé durante un tiempo para que pudiesen experimentar por ustedes mismos el plano astral. Siempre estuve pendiente de sus viajes, pero nunca interferí en sus decisiones ya que cada quien elige su propio camino. Su existencia actual se desarrolla en varios niveles: tienen un cuerpo físico en el cual pueden sentir toda una variedad de sensaciones, un cuerpo astral a través del cual perciben todas las emociones en el cuerpo físico, un cuerpo mental en el cual crean sus pensamientos y un espíritu o Ser Superior consciente que es eterno y que los contiene a todos.**

Para que su vida se desarrolle plenamente todos los niveles deben valorarse y así sus vidas reflejarán felicidad y armonía. La existencia humana se balancea entre los dos polos de todas las cosas. En la búsqueda del equilibrio el cuerpo físico, el cuerpo astral, la mente y el espíritu están interconectados y emiten señales a toda hora. Tómense el tiempo para escucharlas, de eso depende su evolución. Los sentidos externos les

conectan con la realidad física y los sentidos internos con el cuerpo astral y el espíritu o Ser. En estos momentos la humanidad está recibiendo mucha luz para desarrollar los sentidos internos que les impulsarán a reconocerse a sí mismos y a comprender la eternidad de su existencia.

El límite para la expansión de la consciencia lo pone cada persona, nadie puede obligar a otro a cambiar su forma de ver la vida, pero a todos se les está dando la oportunidad. Uno de los mayores obstáculos es el miedo, es el límite que crea el ego para evitar salirse del sistema. Escucharán esta palabra cada vez con mayor insistencia en todas las áreas: miedo a los terremotos y desastres naturales que están por ocurrir, miedo a otra crisis financiera, miedo a la guerra inminente con algún país, miedo a otro ataque terrorista o miedo a la violencia creciente en las calles. Este sentimiento conlleva a una parálisis de los sentidos internos y deja al ser en un estado interno de confusión. La persona ve a su alrededor y todo le resulta deprimente, no encuentra la salida. Se requiere de mucha voluntad para decidir dejar de vivir en el miedo, pero cuando una persona comprende que puede crear una realidad diferente al salirse del sistema y comienza su camino de unión con Dios, se dará cuenta de que es un ser humano muy poderoso.

Al principio, se asombrará de ese poder creativo y luego comenzará a fluir con el universo. Muchísimos seres hacen todo lo que tienen en sus manos para evitar perder el poder sobre las masas durmientes de la humanidad, y lo hacen a través del miedo. Crean todo tipo de distracciones que evitan el uso del poder del pensamiento humano.

Sientan ahora el pulso magnético que emana del centro de la tierra en todo su cuerpo, rodeados de esta hermosa naturaleza, de la perfecta Creación de Dios. Centren toda su energía en el centro de su pecho, sientan como la Madre Tierra les llena de plenitud. Intentaré aclararles algunas de sus inquietudes, así que adelante, pregunten desde su corazón."

Desde que se fue el maestro, un pensamiento me rondaba todos los días la mente y decidí preguntar: "Maestro, ¿nos podrías decir tu nombre?"

"**Querido Nacho, en donde yo habito nos relacionamos entre espíritus, los nombres no son ni necesarios ni importantes, cada quien se distingue por su vibración interna que es única para cada Ser del universo. Sin embargo, comprendo tu necesidad de recordarme por un nombre así que pueden llamarme Melquisedec, que es la orden a la cual pertenezco".** Nos miramos complacidos con su respuesta, al menos ya podríamos identificarlo en nuestras mentes.

Rodrigo, quien normalmente permanecía escuchando, fue el primero en hablar: "¿Qué es lo que ocurre cuando las personas mueren?" El maestro sonriendo nos dijo lo siguiente: **"Sé que has tenido una experiencia muy interesante con un Ser a quien una vez conociste. Me imagino que tu mente está llena de preguntas acerca de la muerte física, al igual que tus amigos. Antes de hablar de la muerte física hablaremos del nacimiento que en realidad es muchísimo más traumático para un ser humano que la muerte.**

Previo al momento del nacimiento en sus cuerpos físicos, su Ser ha estado morando en un plano con total consciencia de todas sus vidas pasadas. Tiene pleno conocimiento de los errores y los aciertos que ha experimentado y de cada una de sus realizaciones como ser humano. Sabe qué aspectos necesita desarrollar y qué virtudes debe aprender. Ha reflexionado mucho acerca de su evolución y comprende qué es lo que necesita para seguir creciendo en consciencia. Se ha hecho un autoexamen y, con la ayuda de otros Seres, planifica con sumo cuidado su próxima vida en la tierra.

Quizá este Ser fue un hombre de una inteligencia brillante y logró alcanzar metas intelectuales de alto nivel, pero descuidó su parte emocional y eso es lo que desea desarrollar. Decidirá entonces vivir una vida con una inteligencia más bien media, que le permita enfocarse en sus relaciones emocionales. Habrá otros Seres que necesiten superar algún vicio y planificarán su vida para intentar lograrlo. Algunos Seres deben desarrollar alguna virtud o valor moral tales como la compasión, la generosidad, la prudencia o la humildad.

También los Seres pueden planificar varias vidas al mismo tiempo, por ejemplo, si un Ser tuvo una vida con muchas oportunidades laborales, pero fue poco perseverante, no le interesaba trabajar y nunca se esforzó por superarse, podría entonces proyectar una vida sin encontrar trabajo, lo cual creará la voluntad interior para que en la siguiente vida lo desee fervientemente, lo logre conseguir y así desarrolle cualidades inherentes al trabajo. Grandes proyectos científicos, tecnológicos o espirituales requieren de varias vidas para llevarse a cabo, dichos Seres planificarán entonces una continuidad en las características de esas vidas hasta completarlos.

Muchos deciden reencarnar junto a otros Seres con quienes mantienen lazos afectivos fuertes o, más bien, junto a Seres con los que deben resolver conflictos de varias vidas pasadas. Las circunstancias de la vida de todas las personas han sido establecidas por ellos mismos antes de su nacimiento, pero al nacer, el libre albedrío determinará si esa vida será provechosa o no, en términos de crecimiento o estancamiento. Hay quienes deciden acumular en una sola vida muchas dificultades juntas y así cumplir con sus responsabilidades karmáticas más rápidamente o deciden separar sus desdichas y dificultades a lo largo de varias vidas. Imaginen que están frente a un juego de video que tiene diferentes grados o niveles de dificultad. Las personas decidimos en cuál nivel jugar y el papel o personaje que vamos a interpretar.

En la actualidad, la humanidad se encuentra en una etapa de culminación de un ciclo y el comienzo de otro. Quienes tienen muchas deudas acumuladas pueden decidir cumplirlas de una vez, para entrar en el próximo ciclo con una carga liviana o sin carga alguna. También pueden decidir salirse de este juego y entonces precipitan a su vida cualquier acontecimiento que los enfrenten rápidamente a ellos mismos, motivándoles a reflexionar. Muchos logran un total cambio de consciencia luego de una profunda crisis.

A lo largo de la vida, todas nuestras relaciones familiares, amistosas, laborales y hasta con nuestras mascotas son un fiel reflejo de cómo nos relacionamos con nosotros mismos. Así como es por fuera es por dentro, es decir, así como te tratan externamente las demás personas es como te tratas a ti mismo internamente. Todos estamos para ayudarnos a experimentar la gama completa de emociones en la tercera dimensión, para eso exactamente vivimos.

Los padres, hermanos e hijos son quienes más intensamente reflejan nuestra sombra. Las emociones negativas que ellos afloran en ti como rabia, impotencia, miedo, envidia, odio, son tuyas. Es la convivencia familiar diaria en donde aprendemos a conocer a nuestro yo inferior, es decir, aquellas energías que debemos balancear, que están en desequilibrio.

Por lo tanto, al momento del nacimiento, el Ser realmente muere en términos de consciencia. Entonces comienza a tener miedo a la muerte física, porque olvidó de dónde viene. El Ser entra en un mundo desconocido, en donde enfrentará sus propios retos hasta que, finalmente, al morir recupera su consciencia y comprende que ha vuelto a nacer.

El Ser es como el director de una obra de teatro: planea cuidadosamente toda la escenografía, determina los personajes principales y los segundarios, crea su propio personaje y escribe su guión. Al nacer comienza la actuación, la obra de su vida. El actor entonces olvida que es su mismo director y el libre albedrío determina el resultado final. Es posible, llegado un cierto grado de evolución, que el actor logre reconocerse a sí mismo como su creador. Entonces habrá encontrado el cáliz de la vida y nunca más temerá a la muerte."

"¿Cómo lograr entonces mantener la consciencia del lugar de donde venimos antes de nacer?", preguntó Ana Emilia. El maestro respondió: **"Al momento de la muerte los seres comienzan a comprender los poderes de la consciencia que han existido en su interior durante toda su vida. La exploración y el** desarrollo del plano astral es una muy buena forma de conocer y comprender el lugar al cual llegarán al momento de morir. Viviendo en consciencia, tanto en el plano físico como en el plano astral, los Seres permitirán que la muerte se convierta en una transformación y de ninguna manera la percibirán como un punto final.

Mientras más desarrollados estén los sentidos externos del cuerpo, más fácil les será a los Seres adaptarse a la vida física y lograrán sobrevivir de una mejor manera. El cuerpo también posee unos sentidos internos que le permiten a cualquier ser humano conectarse con la consciencia de su Ser Superior. Una manera, accesible a todos, de desarrollar los sentidos internos es aprendiendo a soñar en consciencia. Otra forma utilizada, especialmente en las civilizaciones orientales, es la meditación o contemplación, pero esto requiere disciplina y dedicación. En el momento en el que el cuerpo reposa, la consciencia se libera y puede enfocarse en otras manifestaciones del Ser. Los sueños son tan reales e importantes como la vigilia, nunca lo olviden."

Entonces yo decidí preguntar: "¿Hasta cuándo debemos reencarnar en un cuerpo físico?" El maestro respondió: **"Una vez que el Ser ha decidido comenzar a experimentar la tridimensionalidad física, ha de hacerlo hasta que logre desarrollar todas las virtudes posibles en dicho tipo de realidad, paseándose por todos los sentimientos posibles. Para lograr esto, vivirá en la dualidad sintiendo todos sus matices, amará y odiará intensamente, hasta que comprenda que son caras de la misma moneda. Llegará un momento en el que su consciencia dejará de percibir los opuestos y podrá elegir no volver a reencarnar físicamente.**

El Ser Humano es especial y muy poderoso: contiene en sí mismo todas las energías del universo, así fue creado desde el principio de los tiempos, es perfecto. Y es en la vida física donde aprende a equilibrarlas. Si una energía está por encima de las demás comienza una vida de

excesos, por lo tanto al balancear las energías es cuando el Ser Humano logra la plenitud.

Hay Seres que tienen un desarrollo totalmente diferente y nunca han experimentado la realidad física. Sin embargo, aquellos que deciden vivir la experiencia de la vida en la carne, lo hacen porque es un valiosísimo lugar de entrenamiento para el Ser; se desarrollan cualidades que, de otra manera, no podrían existir. Los humanos son Seres valientes y muy creativos que deciden vivir la existencia física, aun sabiendo que será difícil la mayoría de las veces. Pero comprenden que todas las virtudes aprendidas se adhieren a la esencia de su Ser y lo enriquecen."

Decidí preguntar rápidamente: "Pero si antes de comenzar nuestras existencias físicas vivíamos en otras realidades espirituales por así llamarlas, ¿para qué nuestro Yo Superior quiso venir a pasar trabajo con tantos problemas, sufrimientos y enfermedades?"

"Queridos hijos, imaginen que su espíritu habita en un lugar maravilloso, lleno de luz y de paz, y que se relaciona con otros espíritus de forma

amorosa en un mundo espectacular, sabiéndose conectado a Dios, a la Fuente. Desde allí observa, como si de una película se tratara, mundos con realidades muy diversas. En un momento, siente curiosidad por un mundo en donde existe algo llamado dualidad, sabe que allí se aprende a vivir en la realidad física y, como el tiempo se mide por experiencias vividas y no por siglos o milenios, decide que así es como quiere evolucionar aspectos de sí mismo.

Decide meterse en la película, sabe que puede ser de terror, pero aun así siente una apremiante necesidad de sentir, de crear, de experimentar la creación de la materia por Dios en vivo y en directo. Se lanza entonces en una nueva aventura, confiado en que su fe en Dios nunca lo va a abandonará y que al final siempre volverá a Él, ya que nunca estuvieron separados. Llega a la realidad física y, mediante el libre albedrío, toma las decisiones que harán de su experiencia todo lo que quiera. Un velo le impide ver de dónde vino y porqué lo hizo, esto hace que su experiencia sea más dramática pero también más real.

En ese entonces, Dios expone su propósito en la tierra: *Eres un Co-Creador. Posees todas las energías del universo, tu espíritu contiene una partícula de Mí Mismo. Detentas el poder de crear en el espacio de la tierra y también en otros mundos, en otros planetas, aquello que sueñes se convertirá en realidad. Tendrás que sobreponerte a las tentaciones derivadas de tu autoridad ilimitada y aprenderás a sostener todas las energías del Universo en perfecto balance dentro de tu Ser. Entonces serás capaz de crear felicidad en este y cualquier otro lugar.*

Lamentándolo mucho, ocurrieron circunstancias que han extendido, por más tiempo del necesario, la evolución de los Seres en la tierra. Durante miles de años, se han repetido ciclos que terminan con la destrucción del planeta. El Ser Humano no ha logrado completar su propósito en la tierra. Es momento de que todos recuerden de dónde y porqué vinieron. Es hora de que cada quien ocupe su lugar en la creación, ayudando a toda la humanidad y a la tierra como Ser a pasar a otro tipo de realidad continuando con su evolución."

Rodrigo volvió a preguntar: "¿Qué le ocurre a los Seres que no saben de la existencia del plano astral?, ¿qué ocurre cuando mueren?" El maestro respondió: **"Tal y como ustedes mismos lo han comprobado, el plano astral no es un espacio determinado, tal y como sería un país o un territorio, es más bien un estado de consciencia. Cada Ser tiene un nivel vibratorio dependiendo de su evolución y al morir se encontrará en el lugar correspondiente.**

El Ser es eterno, pero tanto el cuerpo físico como el cuerpo astral son envolturas temporales. El común de los Seres cuando muere permanece en una etapa en la cual crea un mundo o escenario de acuerdo a sus expectativas. Cada Ser lleva consigo su propio cielo o infierno según sus creencias y sus obras en la tierra. Allí en su escenario astral, estarán tanto tiempo como les sea necesario para que su consciencia comience a desear despertar. Para ellos no es imaginario, es tan real como la vida física pero, poco a poco, con la ayuda de Seres más evolucionados, van comprendiendo que deben salir de ese mundo temporal.

Luego entran en un estado que podríamos llamar *vida astral conciente*, en el cual todas sus vidas pasadas y su vida reciente en la tierra son autoexaminadas. Este proceso puede durar, si lo calculásemos en términos terrestres, siglos o días. Cada Ser, según su evolución, determina su tiempo de estadía en el plano astral. Finalmente, muere el cuerpo astral inferior, así como una vez murió el cuerpo físico, y el astral superior se une finalmente al espíritu en un plano diferente, sin necesidad de envoltura. En algunos casos, el cuerpo astral inferior o la parte del cuerpo astral menos evolucionada es utilizada por el Ser, para una nueva vida física con la finalidad de desarrollarlo.

En el plano del Ser, finalmente este asimila todo lo reflexionado durante su vida astral. Comprende de manera plena sus avances y sus desaciertos, y comienza a prepararse espiritualmente para su próxima vida en la tierra. El director y el actor comienzan a preparar su obra.

Algunos seres permanecen en un estado de sueño astral hasta su próxima encarnación porque

no tienen el nivel de consciencia adecuado. De hecho, algunos Seres, reencarnan directamente desde el lugar al cual llamaríamos infierno. La consciencia se expande por la experiencia física, no es que al morir nos volvemos más inteligentes o concientes, sino que lo que hacemos en la tierra para evolucionar nos permite tener una mayor consciencia a la hora de planificar nuestra próxima existencia."

Yo sentía cómo el pulso de la tierra pasaba por todo mi cuerpo, escuchaba al maestro con todos mis sentidos mientras expandía la energía de mi pecho hasta más allá de la ciudad y crecía mi consciencia con cada palabra. Me preguntaba cómo haría para transmitir todo esto a mi familia y amigos. Claro que me ayudaba mucho que Ana Emilia y Rodrigo estuviesen viviendo estas experiencias conmigo, pero veía a las personas tan metidas en sus problemas y en sus propias vidas que en verdad me preguntaba si me verían como a un loco.

Inclusive me ocurre que cuando estoy en exámenes o jugando un partido de fútbol me resulta tan lejano eso del mundo astral que llego a pensar que lo imagino todo. El maestro me miró con mucha ternura y como leyendo mi mente me dijo: **"El mundo entero se encuentra en el comienzo de un profundo cambio de consciencia que transformará a toda la humanidad, ya está ocurriendo, cuando transmitan estos conocimientos muchos se conectarán con la consciencia de su Ser y los comprenderán. Aquellos que consideren sus palabras simples alucinaciones, al final de sus días, después de su muerte física, los recordarán. Habrán entonces perdido una importante oportunidad de evolución.**

Hace unos días, Nacho tuvo una visión cuando se encontraba en uno de sus viajes astrales. Observó de lejos un escenario en el cual los cuerpos astrales de seres humanos desencarnados vivían su propio infierno. La culpa, la rabia, el odio, el egoísmo, la envidia, la gula, la avaricia y todos los demás antivalores desarrollados en la vida terrenal hacen que los cuerpos astrales de dichos Seres permanezcan tanto tiempo como sea necesario en el nivel astral correspondiente a su vibración interna. En realidad, ese escenario es fruto de su propia creación mental y emocional pero ellos no

están conscientes de esto. Tuvo razón al pensar que yo lo había llevado hasta ese lugar, él deseaba comprender, sentía curiosidad y yo ayudé al mostrarle estas áreas del plano astral a las cuales no les animo a visitar. Lo tuve que halar por el brazo para sacarlo de allí. Sólo Seres preparados para ayudar a estas pobres criaturas deben acercarse a estos lugares. Se siente como entrar en arenas movedizas astrales, si no sabes cómo disolverlas te dejan allí atrapado."

Le agradecí al maestro toda su ayuda, la verdad es que me asusté mucho en ese momento. Pareciera que si uno no está en equilibrio, el miedo te paraliza y no deja que realices movimiento alguno. Es un aprendizaje muy difícil centrarse constantemente en el amor, pese a todo lo que vivimos día a día.

Ana Emilia entonces hizo una reflexión: "Desde que comencé a realizar viajes astrales conscientes recuerdo una mayor cantidad de sueños. A veces siento que son reales, pero enseguida descarto la idea porque son situaciones totalmente alejadas de mi realidad. Veo desenlaces caóticos para algunas experiencias físicas, enfermedades que terminan en muertes o accidentes graves en los cuales estoy involucrada. Me encuentro con personas que jamás he conocido; o mis familiares y amigos se encuentran haciendo cosas que encuentro descabelladas. Estoy en escenarios extraños, comportándome de manera incoherente. Me he visto como si estuviese en una película de magos, también tocando piano como una profesional y hasta haciendo de entrenadora de perros. Al despertar creo a veces que es mi cuerpo astral, pero sé que no podría ser así ya que no se corresponde en manera alguna con mi vida actual. Pregunto entonces, ¿qué son los sueños?, ¿porqué algunos parecen tan reales?"

El maestro prosiguió: **"Querida Ana Emilia, es en los sueños donde la consciencia se encuentra liberada del mundo físico. Allí puede enfocarse en cualquier otra manifestación del Ser. Existen varios niveles de sueños: en un nivel, la mente se enfrenta a cientos de situaciones para ayudar al Ser en vigilia a resolver problemas cotidianos; en otro nivel, la consciencia se conecta con escenarios astrales paralelos donde cuerpos astrales viven situaciones emocionales diversas, allí la** personalidad evoluciona en cientos de aspectos; en otro nivel, la consciencia se conecta con el cuerpo astral de la existencia presente, lo cual vendrían a ser los viajes astrales que ustedes están aprendiendo a manejar; y en otro nivel, la consciencia puede conectarse con universos paralelos físicos o de cualquier otra dimensión. Allí nos encontraremos con que somos alguien totalmente diferente, con otro cuerpo, con otra personalidad, en un mundo completamente desconocido.

Por eso es tan importante recordar los sueños, porque son reales. Son reflejo de las otras manifestaciones de tu propio Ser. Muchas veces nuestro Ser nos envía mensajes, los cuales nos hacen reconocer talentos que anteriormente desconocíamos. En el caso de Ana Emilia, uno de sus otros "yo" sabe tocar muy bien el piano, otro es un experto domador de animales, y todo esto es parte de su Ser. Todos los "yo" están interconectados a través de la consciencia del Ser. Todas las personas a quienes has conocido en cientos de vidas pasadas y en esta vida pueden formar parte de cualquier experiencia en una manifestación del Ser vista en un sueño. Uno de los nombres de Dios es el Infinito de Posibilidades, y así es, vivimos permanentemente y en paralelo un infinito de posibilidades en experiencias inimaginables. Tu mente física quizás no las reconozca, pero la consciencia expandida de tu Ser sí lo hace y se relaciona con ellas en el plano astral.

Vivimos situaciones, tal y como las llamaste, caóticas o extremas porque experimentamos los opuestos en el mundo astral y el Ser trasmuta lo peor para que no se manifieste en el mundo físico. Cuando tu Ser se desarrolla en consciencia en el mundo astral, este aprende a librarse de los excesos en dicho nivel, evitando así que se materialicen en el mundo físico. En los sueños se reflejan dichos eventos, que a veces parecen una total distorsión de la realidad, porque son una complicada mezcla de las emociones y los pensamientos tanto tuyos como de todos quienes te rodean.

Si identificamos las emociones negativas que un sueño nos está mostrando, podemos reconocerlas como propias para luego aceptarlas y dejarlas ir. Nuestro Ser nos avisa constantemente aquello que debemos resolver. Decidiremos luego si lo hacemos en ese escenario astral paralelo de aprendizaje, en la realidad física de esta línea de tiempo o en otra manifestación de nuestro Ser."

Ana Emilia lanzó un suspiro diciendo: "¡Tengo todavía tanto que aprender!"

Aprovechando el comentario de Ana Emilia, el maestro acotó: **"Yo todos los días aprendo algo nuevo. Ahora es momento de que comprendan, mediante la experiencia, que son Seres Multidimensionales. Ustedes entrarán voluntaria y conscientemente en alguno de los universos paralelos físicos en los cuales habita su Ser y para eso les pido que coloquen en sus respectivos cuartos un espejo de cuerpo entero. Ana Emilia y Nacho ya tienen uno en sus cuartos, pero Rodrigo debe buscarlo. El viernes que viene nos encontraremos aquí nuevamente y continuaremos**

con el aprendizaje." Dicho esto me desperté y no tuve tiempo ni de despedirme.

Capítulo 12

Somos Multidimensionales

A la mañana siguiente, ni siquiera nos llamamos por teléfono, ya sabíamos que al despertar nos encontraríamos en la plaza.

Ana Emilia en seguida sugirió que fuésemos a casa de tía Eugenia quien parecía coleccionista de objetos y quizás en alguno de sus cuartos guardase un espejo. Al llegar encontramos a tía Eugenia en su lugar favorito, la cocina, luego de pasar horas en su huerto, escogiendo aquello que necesitaba. En ese momento tenía en la mesa zanahorias, brócolis, tomates, berenjenas, cebollas y varias yerbas aromáticas, todo recién cosechado con sus raíces.

Ella decía que al cocinar sentía como los alimentos se transformaban al tocarlos con sus manos y que estaba segura de que esa sensación se parecía a los artistas cuando pintaban cuadros o cuando los músicos componían. Ana Emilia nos dijo: "Mi tío siempre dice que se enamora todos los días más de mi tía porque lo alimenta con amor."

Nos recibió con mucho cariño y le explicamos que estábamos buscando un espejo de cuerpo entero. Sin preguntarnos para qué lo necesitábamos nos indicó que en el cuarto del fondo del patio, cerca del gallinero, detrás de un viejo piano, había un espejo pivotante grande que podíamos agarrar. Que no le importaba que nos lo llevásemos porque así hacía espacio en la casa.

El espejo estaba bastante sucio y se notaba antiguo, pero era perfecto así que nos lo llevamos y ayudamos a Rodrigo a colocarlo en su cuarto. Quienes sí se extrañaron del espejo fueron los padres de Rodrigo, pero luego de explicarles que la tía Eugenia se lo había regalado porque necesitaba espacio en uno de sus cuartos, se quedaron tranquilos. Ni ellos ni nosotros imaginábamos para que utilizaríamos los espejos.

La semana pasó lentamente. Estábamos ansiosos esperando el viernes y, como ya habíamos hecho antes, nos acostamos a las 8:00 pm. No pasa un día en el que deje de asombrarme cómo la consciencia de mi cuerpo físico pasa a mi cuerpo astral y, además, cómo mi mente piensa con muchísima más claridad y comprendo las cosas desde otra perspectiva.

Luego de hacer el ejercicio de la estrella mientras rezaba, llegó la esperada vibración. Me despegué del cuerpo y esta vez decidí buscar la ventana y salir volando. Al volar me siento libre y además observo la ciudad desde lo alto y así puedo dirigirme hacia dónde decida. Casi ningún cuerpo astral vuela, muchos caminan como si de sus cuerpos físicos se tratara. Pareciera que los límites físicos los tienen tan metidos en sus mentes que no se percatan de que con el cuerpo astral pueden elevarse hasta donde la consciencia lo permite.

Llegué hasta donde se encontraba el maestro. A los pocos segundos llegaron Ana Emilia y Rodrigo, ya no necesitaban de los gnomos para ayudarlos, todos habíamos desarrollado el manejo de nuestro cuerpo astral durante varios meses. El maestro nos pidió que nos colocásemos sentados en círculo ya que no iríamos a alguna parte, era un momento de transmisión de información.

Luego de saludarnos, el maestro se colocó las manos en el pecho y, haciendo una pequeña reverencia, nos dijo lo siguiente: **"Poco a poco han comenzado a experimentar vivencias en el mundo astral. Tal y como saben, el cuerpo astral es también llamado cuerpo emocional porque allí nacen las emociones humanas, al encontrarse en consciencia en el cuerpo astral sus sentimientos más profundos juegan un papel fundamental. A veces sentirán que este busca satisfacer una necesidad de placer, pero su mente les dice que eso no es correcto.**

El placer está vinculado a las emociones y, por lo tanto, el cuerpo astral intentará satisfacer su necesidad de placer si con ello se equilibra. Intenten no juzgarse a sí mismos utilizando los parámetros físicos de moralidad cuando del cuerpo astral se trate.

Existen lugares en el mundo astral en los cuales las personas desahogan sus necesidades emocionales que tienen bloqueadas en sus cuerpos físicos. Recuerden entonces no juzgarse, ni juzgar a los demás en el mundo astral, sólo recuerden que todas sus acciones deben seguir siempre las reglas universales de amor y respeto.

A sus mentes físicas les han enseñado que el mundo está estructurado con límites. Lo que algunos religiosos llaman "pecados" son muchas veces transgresiones a límites que ellos mismos han creado. Igualmente, hay seres que crean estructuras de poder, en su propio beneficio, limitando el desarrollo de la vida física. En realidad, cada uno de ustedes ha creado su propio entorno con la finalidad de aprender a desarrollarse en parámetros físicos. Los objetos, las estructuras, los sistemas, sus cuerpos y absolutamente todo lo que les rodea es producto de sus pensamientos, y están en permanente cambio.

Observando y sintiendo el cuerpo astral de una persona, conoceremos quién es en realidad, ya que no ocultará sus emociones de amor o de odio. Se mostrará transparente y no como aparenta ser en su cuerpo físico. No existen las máscaras. Todas las personas proyectan sus propios escenarios astrales, por ejemplo, una ciudad desordenada, sucia y violenta es reflejo de un escenario astral en donde los pensamientos y las emociones de sus habitantes son caóticos, descuidados y agresivos.

Se llevarán muchas sorpresas, pero les repito que deben aprender a no juzgar, cada quien decide su camino hacia Dios.

Ana Emilia ha percibido muchas de las emociones de envidia, rabia, miedo y odio representadas en diferentes especies animales. En algunos casos, las arañas son reflejo del sentimiento de envidia de alguna persona con la cual han estado en contacto, a veces, las serpientes son reflejo de emociones destructivas de personas a nuestro alrededor, pero en otras ocasiones las serpientes representan algún poder y son mensajes de nuestro Ser Superior. Debemos estar atentos a la emoción que percibimos en un animal o en un ser, más que en su forma. Así, poco a poco, aprenderemos a interpretar el significado de nuestros sueños. Cada sueño tiene distintos niveles de lectura, pueden ser mensajes cifrados que nuestro subconsciente comprende en forma de arquetipos, avisos que nuestra consciencia capta fácilmente o simplemente experiencias emocionales que deseamos vivir. Lo fundamental es abrir y flexibilizar la mente antes de analizar los mensajes en la vigilia. Confíen en ustedes mismos, en sus instintos y en que su consciencia superior lo entiende todo.

Comenzaremos esta nueva etapa de su desarrollo rompiendo nuevos límites, esta vez los relacionados a la personalidad y al ego. En el mundo astral solo perciben lo que se corresponde con su línea existencial, se sienten ustedes mismos, su personalidad es muy parecida y su ego todavía se encuentra cómodo. Es cierto que sus consciencias se encuentran expandidas, y les es más fácil comprender conceptos complicados, pero siguen sintiéndose dueños de su yo. Es momento de ir más allá. A veces no sentirán que están utilizando su cuerpo astral, esto es porque viajarán en consciencia y utilizarán el traje que mejor les parezca, es decir, no solo el astral sino cualquier otra envoltura que decidan.

Algunas veces dejarán de sentir frío al volver a sus cuerpos físicos, esto se debe a que están rodeados de un vehículo de energía llamado Merkaba, construido con la estrella de cinco puntas que han estado repitiendo. Su Ser se ha ido equipado con los instrumentos necesarios de protección.

El Ser de cada uno de ustedes habita y evoluciona en forma paralela en mundos diferentes al mundo físico que conocen. Esto es así aunque su ego les grite dentro de sus cabezas: "*Eso no es posible, somos únicos en este mundo, no existe otro "yo" en otro lado haciendo cosas de las que no tengo conocimiento*". Es natural que les cueste comprender el concepto de vidas paralelas, pero así como cada uno de ustedes tiene varios cuerpos como el físico, el astral y el mental, y solo hasta hace poco supieron de su existencia, también su Ser se desarrolla y evoluciona en otras líneas de tiempo utilizando otros cuerpos físicos con sus respectivos cuerpos astrales y mentales.

Además, cada cuerpo físico tiene no solo uno sino varios cuerpos astrales. Cada uno de los cuerpos astrales desarrolla su personalidad en escenarios que no eligieron en su presente vida física.

Por ejemplo, al culminar el colegio un individuo elige estudiar una carrera universitaria, digamos que Ingeniería Eléctrica. Pero estuvo pensando intensamente en estudiar para ser médico veterinario. En su vida física actual estudiará lo que eligió, pero uno de sus cuerpos astrales creará un escenario de vida diferente, tan real como el físico, en el cual será veterinario; o una persona que se encuentre casada con alguien pero hubiese podido casarse con otra a quien amó intensamente, es posible que haya creado un escenario en el cual su personalidad evolucione con la otra persona. Podemos comprender de esta forma como muchísimos sueños son en realidad escenarios astrales en los cuales desarrollamos distintos aspectos de nuestra personalidad, y aportamos al Ser una infinidad de experiencias. Todas las manifestaciones se encuentran conectadas, y se envían mensajes a través de los sueños para ayudarse mutuamente.

Aun más difícil de comprender es la existencia de universos paralelos físicos en los

cuales habitan sus otros "yo" físicos, diferentes tanto en personalidad como en apariencia."

El maestro nos observó un largo rato. Estoy seguro de que yo tenía la misma cara de asombro que mis compañeros. Ya antes nos había hablado de este concepto, y Anika en Ciudad Dorada nos habló de cómo ella tenía consciencia de algunas vidas paralelas, pero una cosa era escucharlo y otra experimentarlo uno mismo.

Mi cerebro daba vueltas tratando de comprender esta información, la verdad es que no asimilaba cómo mi Ser podía tener otra vida de la cual yo no tenía noción alguna. Pero a la vez sentía que con cada palabra del maestro mi consciencia se expandía y veía dentro de mi cerebro destellos de luz que me iluminaban. Entonces le pregunté al maestro: "¿Si no tengo consciencia ni control sobre mis otras vidas cómo puedo ser responsable de lo que mis otros "yo" hacen en ellas?"

Con una gran calma, como si hubiese estado esperando la pregunta, el maestro nos explicó: **"Esa pregunta la estás formulando desde tu ego. Deben intentar conectarse con su Ser Superior y desde allí asimilar lo que les estoy explicando. Imaginen que** su Ser es una gran energía creadora que forma parte de Dios y para que ese Ser se sienta realizado necesita crear constantemente y experimentar todo lo que va creando. Desde el centro del Ser salen hilos que asemejan a la tela de araña y cada hilo existe en diferentes dimensiones y realidades, representando todos ellos diferentes vidas que evolucionan en forma paralela para desarrollarse en todos los aspectos posibles que el Ser se plantee. Uno de esos sistemas de creencia en el cual el Ser puede decidir evolucionar es el físico. Dentro de la dimensión física hay además muchísimas posibilidades de desarrollo y una de ellas es la existencia física correspondiente a su actual línea de tiempo.

Todas las manifestaciones del Ser están en comunicación, pero no están todas en el mismo nivel de evolución, cada personalidad escoge su camino, tiene libre albedrío y cumple con su propio papel. Todo lo que hace una manifestación repercute en las demás. Algunos de sus otros "yo" tienen un nivel de evolución en relación a la consciencia mayor al de ustedes en esta vida, tienen capacidad de percibir a otros "yo" en otras realidades y colaborar entre ellos. Igualmente otros de sus "yo" se encuentran viviendo sus vidas en aspectos diferentes y no se han ocupado en expandir su consciencia, ellos se sienten seguros de que son el único "yo" real. Pero antes de comprender todo esto comiencen por flexibilizar su consciencia y expandirla.

Lo que ustedes están haciendo en este momento, en consciencia con su cuerpo astral y su cuerpo físico, repercute en sus otros cuerpos físicos y astrales de sus realidades paralelas. En cuanto a tu pregunta, ya saben ustedes la respuesta porque lo han estado viviendo en los últimos meses. Antes de tomar consciencia de sus cuerpos astrales, no sabían ni siquiera que tuviesen un cuerpo diferente al físico. Ahora que por las noches se conectan con ese cuerpo y viajan a voluntad a donde lo desean, estableciendo relaciones con otros seres, sienten que son responsables de sus acciones. Pero siempre han sido responsables de todas sus acciones en ese cuerpo astral aunque no hayan estado conscientes.

De igual manera, su Ser Superior es creador y responsable de todas sus manifestaciones, tengan o no consciencia de ellas. Por eso es tan importante alinearse con el espíritu y tener Fe en Dios y en sí mismos. El Ser Humano fue creado perfecto desde el principio, y cada una de sus creaciones son sus propias manifestaciones que concibe para evolucionar en todos los aspectos posibles. Cada quien sabe lo que tiene en su corazón, en lo más profundo está la esencia del Ser.

Quienes son en esencia amor, y están haciendo lo posible por evolucionar hacia Dios por el camino de la luz, en todas sus vidas paralelas están en la misma sintonía. Avanzarán vibrando cada vez más al unísono con Él.

Igual pasa en el caso contrario, muchísimos seres han decidido dedicar esta y muchas de sus vidas paralelas a odiarse a sí mismos y a Dios, a vivir con temor. Aunque parece que retroceden, en realidad sólo están evolucionando en forma diferente y continuarán su camino de reencarnaciones en la realidad física hasta que su

Ser Superior alcance la vibración adecuada para pasar a otros planos de realización. Al contrario de lo que piensan, los opuestos no existen para el Ser Superior, son aspectos de un sistema de realidad en el cual han decidido evolucionar, así que todos aportamos desde nuestra acera al amoroso Plan de Dios."

Esta vez fue Ana Emilia quien decidió preguntar: "¿Cómo podemos entonces tomar consciencia de esas otras manifestaciones de nuestro Ser y con qué finalidad?"

Pero antes de que el maestro respondiera Rodrigo rápidamente preguntó: "¿El espejo que colocamos en los cuartos tiene algo que ver con estas vidas paralelas?"

Entonces el maestro nos dijo: **"Les he pedido que coloquen los espejos en sus cuartos porque van a atravesarlos con sus cuerpos astrales y pasarán a observar una vida paralela física. Cada uno de ustedes podrá verse en esa otra vida y podrá entrar en consciencia en ese otro cuerpo si lo desean. Deberán colocarse frente al espejo y simplemente caminarán hacia adelante hasta pasar al otro lado. Intenten no pensar ni juzgar lo que van a ver, ya** que si lo hacen volverán inmediatamente a sus cuerpos físicos. Van a encontrarse con otro "yo" diferente del "yo" al cual están acostumbrados, pero claramente van a percibir que son ustedes mismos porque su consciencia superior es la misma.

Debido a que son parte de un mismo Ser, serán atraídos hacia ese cuerpo y si así lo deciden ocuparán momentáneamente ese cuerpo. Recordarán parte de lo que ese otro "yo" ha vivido en esa otra vida, pero no todo. Quizás se encuentren en la situación de relacionarse con personas desconocidas y queden desconcertadas porque su personalidad estará alterada. Si deciden entrar en su otro "yo" actúen como mejor puedan, luego de dejar ese otro "yo", este seguirá su vida como siempre. Intenten no juzgarse, acéptenlo como parte de su mismo Ser. También es posible que se relacionen observándose y quizás hasta entablen una conversación de "yo" a "yo"; esto dependerá del grado de evolución de ambos. La decisión en relación a cuál de sus vidas van a entrar, ya lo ha decidido su Ser Superior.

La respuesta a la pregunta de Ana Emilia, en cuanto a la finalidad de conocer a uno de tus otros "yo", la sabe ella misma en su interior. Toda la Luz que expande la consciencia, permitiendo la conexión con universos paralelos, se vierte sobre su vida actual y la hace mucho más completa y llevadera. Los retos se transforman en oportunidades, los obstáculos en aprendizajes, los problemas en posibilidades de ayudar. La realidad es percibida de acuerdo a los límites de nuestra consciencia, si la expandimos esos límites comienzan a tornarse difusos hasta desaparecer. El mal y el bien son percibidos de forma totalmente diferente, entonces se abre el camino del centro, del Amor de Dios.

Mañana sábado por la noche, en el momento que cada uno se sienta preparado, intentarán atravesar el espejo. Lo harán por separado, no van a encontrarse durante el proceso. Si no lo logran en un primer intento no se preocupen, ya les llegará una nueva oportunidad."

Nos despidió colocando sus manos sobre nuestras cabezas. Sentí una fuerte energía y una luz que se me metía por el entrecejo, vi un remolino y me encontré en mi cama, eran las 2:22 am. No me sentía con un intenso frío como otras tantas veces, pero sí estaba muy ansioso por ver a mis amigos. Me quedé dormido observando el espejo frente a mi cama, no podía ni imaginar que por allí se encontraba uno de mis otros "yo" haciendo quién sabe qué cosa.

Capítulo 13

Universos Paralelos

A la mañana siguiente, nos reunimos en casa de Ana Emilia a la hora del almuerzo para una parrilla. Su mamá cumplía años y, como nuestros padres eran amigos, nos reunimos todos para celebrar.

Nos miramos con caras de complicidad, tanto que mi hermana me preguntó si le podía contar el secreto que guardaba. Yo la miré con mucha compasión porque me hubiese encantado poder hablarle de todo lo que estábamos viviendo, pero todavía no sentía que ni ella ni nuestros padres aceptarían sin más todo lo que nos ocurría.

Hicimos especulaciones de cómo serían nuestros otros "yo". Nos reíamos, pero creo que de los nervios, al pensar que veríamos a otro "yo" y, que además según nos explicó el maestro, había muchos otros "yo" que estaban en este momento hablando, jugando, peleando, riendo o comiendo. Sentí varias veces escalofríos en todo el cuerpo de pensar en la infinitud del asunto. Cierto que estábamos expandiendo nuestra consciencia, pero esto parecía mucho más de lo que nuestros cerebros estaban preparados para procesar.

Finalmente llegó la noche, esta vez no nos pudimos acostar temprano porque celebrábamos el cumpleaños, pero apenas terminó la reunión nos despedimos y logramos acostarnos alrededor de las 11:00 pm.

Yo estaba muy ansioso por sentir la vibración y quizás eso hizo que tuviese que esperar más tiempo del usual, puesto que tuve que hacer la relajación varias veces. Al final, me entregué a la voluntad de Dios, luego de no sé cuántas vueltas de la estrella de cinco puntas y de respirar profundamente, sentí la vibración en mi cabeza, muy intensamente en el entrecejo y luego en todo mi cuerpo. Decidí incorporarme y me coloqué frente al espejo.

Observé mi imagen calmadamente, tenía un resplandor de varios colores alrededor del cuerpo, pero mi cara era la misma. Haciendo un gran esfuerzo de voluntad, caminé hacia el espejo y lo atravesé. No sentí ni remolinos, ni fuerzas extrañas, ni vi colores brillantes. Simplemente lo atravesé y con toda naturalidad me encontré en lo que parecía una feria. En seguida supe que estaba en una realidad diferente a la mía. En lo primero que me fijé fue en los vehículos del estacionamiento, eran enormes. No eran de dos o tres hileras de asientos, sino de cuatro o más. Además parecían hechos de algo flexible, como plástico, pero moldeable, porque no tenían puertas y las personas que salían de los vehículos lo hacían por cualquier sitio, hasta por el techo.

De pronto mi mirada se posó en un automóvil de color verde de donde salió un muchacho de unos 25 años e inmediatamente sentí que era yo mismo. Al mismo tiempo que sentí que ese era yo, ya estaba adentro de su cabeza, y pude conocer que era el primero de cinco hermanos, que su mamá se había quedado en la casa preparando la comida y que estaba allí con su papá y sus cuatro hermanos. De pronto se me acercó una muchacha más o menos de mi misma edad y me dio un beso, mi cara debe haber sido de total asombro porque me preguntó si me ocurría algo. Tratando de actuar con naturalidad, como nos indicó el maestro, y mientras sentía que mi personalidad se mezclaba con este otro "yo", le dije que todo estaba bien y, aunque me miró extrañada, nos tomamos de la mano y comenzamos a caminar hacia la feria.

Mis hermanos corrían hacia la entrada. Me inquietó sentirme tan estrechamente unido a ellos en esta vida, como a mi hermana en la otra vida. También sentí que estaba enamorado de la muchacha que me acompañaba que se llamaba Surima. Mi padre me llamó, y luego de varias llamadas fue que volví mi cara. Me pareció extraño escuchar a mi padre llamarme con el nombre de Arenko, todo estaba muy confuso en mi cerebro.

Comencé a fijarme en la feria y me resultó increíble que todo fuese del mismo material de los vehículos de afuera, no había nada que pudiese compararse al hierro, al metal, ni siquiera parecía haber electricidad y los aparatos se movían por una fuerza que no lograba determinar de dónde provenía. De pronto sentí angustia por mi otro "yo", Arenko, como si estuviese metido en su cuerpo y eso le pudiese ocasionar algún problema, y decidí volver. No atravesé el espejo de vuelta. Simplemente mi consciencia volvió a mi cuerpo físico.

Sin quedarme reflexionando, decidí a volver a atravesar el espejo, comencé a sentir la vibración para intentarlo nuevamente. Con mucha determinación, me coloqué enfrente, di un paso y entré por el espejo. Llegué a una casa muy parecida a la mía. Caminé por los pasillos y todo se veía muy ordenado. Los pisos tenían alfombras, miré en varias habitaciones sin encontrar a nadie, en una de las habitaciones había varios portarretratos y los tomé a ver si lograba reconocer a alguien que se refiriese a mí mismo. Una de las fotos era un retrato de un viaje hecho en familia, donde había unos niños que cabalgaban en unos ponis cerca de una montaña muy hermosa, los ponis eran del tamaño de unos perros grandes y los niños se divertían mucho. En un instante me trasladé a ese momento, como si yo mismo lo hubiese vivido. Había otras fotos de momentos de viajes en familia pero no me acerqué a detallarlas, en verdad quería encontrar a alguien en esa casa.

Entré en una habitación que tenía una cama grande de color marrón oscuro como madera, había un mueble frente a la cama y allí en otro portarretrato observé a una pareja en lo que parecía ser la foto del momento de su unión en matrimonio. La mujer no llevaba un vestido blanco, sino uno de muchos colores como hecho a mano y una corona de flores blancas, la actitud de ambos denotaba que había sido un momento de felicidad. Seguí caminando mientras intentaba encontrar a alguien. Al continuar el recorrido salí por una puerta y en el exterior observé a una mujer de pelo marrón claro y liso, con sus dos hijos, a un joven y a una joven de unos 17 o 18 años que parecían estar saliendo al colegio porque su ropa era como de uniforme.

La mamá me reconoció e increíblemente le dijo a su hijo: "Este eres tú en otra vida física". Sin alterarse en lo más mínimo, ella le dijo a su hijo que se quedara conmigo para enseñarme un poco alrededor, luego subió al carro con su hija y se fue. Cuando yo me acerqué al muchacho y le pedí que me permitiera tocarlo, él me dijo: "Claro si somos uno mismo". Lo toqué de la cabeza a los pies y lo detallé completamente: tenía los ojos azules claros, la cara ovalada y el pelo negro y liso. Su rostro tenía pecas, su contextura era normal y de tamaño más bien alto comparado con los estándares de mi realidad. Su carácter era tranquilo, muy cariñoso y amable.

Comenzamos a caminar alrededor de la casa, en la calle apareció un autobús que no era de gran tamaño pero sí muy moderno, de color azul oscuro y rojo. No salía humo del tubo de escape, parecía que era impulsado por electricidad. Dio la vuelta por toda la calle y siguió su camino. Nos dirigimos a la parte de atrás y le pregunté por las fotos que había visto en las habitaciones que reflejaban que la familia había hecho muchos viajes. Me confirmó que sí, que habían hecho viajes a muchas ciudades y planetas. Me asombré y le dije: "¿Ustedes viajan a otros planetas?". Y me dijo: "Mantenemos un estrecho contacto con seres de otros lugares de la galaxia y formamos parte de la hermandad galáctica", y me señaló hacia arriba mostrándome una enorme nave matriz que cruzaba el cielo muy cerca de nosotros; me quedé anonadado. Me dijo que habían ido a Venus donde las personas eran de raza muy blanca, en cambio los de Marte eran más bien dorados o amarillos. Mientras hablábamos se colocó en el suelo haciendo la parada de manos pero con la cabeza y comenzó a elevarse un poco del suelo, pensé que la gravedad en esta Tierra paralela no era igual a la de mi realidad. Parecía tener un nivel vibratorio intermedio entre el mundo astral y el físico. De pronto me fui de allí, así sin más, no pude controlar quedarme y averiguar más acerca de esa realidad, simplemente en un instante me hallé en mi cama.

Allí me quedé, menos mal que el día siguiente sería domingo porque no dormí en toda la noche. Estaba realmente conmocionado, ya que lo que al principio pensé que era una aventura más, había trastocado todo mi sistema de creencias. No tenía duda alguna de que esos otros muchachos formaban parte de mi Ser también, amaba a esos padres, a todos mis hermanos y también a mi novia, esos mundos eran tan reales como este. Y están al atravesar el espejo de mi cuarto, increíble de verdad. Cuán infinito se me estaba haciendo todo. Pero a pesar de esto, mi consciencia se ha estado expandiendo a tal punto que lo aceptaba sin tantos problemas ni prejuicios.

Cuando me desperté casi al mediodía, mi mamá entró al cuarto diciéndome que Ana Emilia me había llamado varias veces y que ya era hora de almorzar. Decidí llamarla luego de comer, porque como no había desayunado estaba hambriento.

Quedamos en vernos en la plaza a las 2:00 pm, ya ella había conversado con Rodrigo, quien le comentó que había tenido una intensa pero corta experiencia. Eso significaba que todos habíamos logrado atravesar el espejo.

Al reunirnos, Rodrigo nos dijo que le había dado mucho miedo pararse frente al espejo y decidir dar el primer paso, pero que lo había superado. Apenas logró atravesar el espejo salió al otro lado de una vez y sintió que estaba en su otro "yo", un hombre mayor. Se encontraba bajando por unas escaleras mecánicas, vio a lo lejos lo que parecía un enorme centro comercial. Estaba hablando con alguien más, pero Rodrigo no pudo percibir teléfono celular alguno, ni siquiera un micrófono cercano a su boca. Más bien parecía una comunicación telepática, la otra persona, una mujer que parecía ser su esposa le decía que su hijo había tenido un accidente aéreo pero que se encontraba bien. En seguida comenzó a sentir un fuerte dolor en el pecho y decidió regresar. Luego no pudo volver a dejar su cuerpo físico para saber qué había ocurrido. Sintió claramente que él era este señor, y cuando su esposa le dijo que su hijo había tenido un accidente se desesperó porque lo amaba inmensamente. Se quedó muy angustiado en su cama, con sentimientos confusos acerca de lo que había percibido.

Entonces Ana Emilia nos contó lo siguiente: "Apenas atravesé el espejo sentí que era mi otro "yo". Estaba sentada en la terraza de un apartamento, en un piso bastante alto porque al ver por la ventana se veía la calle a lo lejos. Era una muchacha de unos 15 años y se sentía muy contenta porque su padre le estaba hablando de lo bien que estaba progresando el país, de que el gobernante actual era excelente y que todos los habitantes lo querían mucho." Ana Emilia nos dijo que en la otra vida su padre era funcionario de ese gobierno y todo parecía funcionar a la perfección.

Ella tenía dos hermanas mayores que no se encontraban allí, pero pudo ver sus fotos en varios cuadros familiares que estaban en las paredes, nos dijo que las imágenes tenían movimiento y cambiaban a cada momento. Así pudo ver cómo su familia había viajado por muchos lugares de ese mundo pero sin reconocerlos. Se emocionó mucho cuando se le montaron encima dos animales parecidos a unos osos koalas. ¡Eran sus mascotas! Los acarició y abrazó con mucho cariño. De pronto sintió cómo su otro "yo" deseaba apoderarse nuevamente de su mente y volvió a su cuerpo físico, igual que Rodrigo y yo, sin volver a atravesar el espejo.

Los tres nos quedamos un largo rato sin hablar, seguíamos conmocionados con tanta información nueva. Luego comenzamos a comparar nuestras experiencias y llegamos a varias conclusiones que igual tendríamos que comprobarlas con el maestro.

Lo primero que nos planteamos fue si no sería que nos metimos en el cuerpo de otra persona y que simplemente pensábamos que era nuestro otro "yo". Ninguno supo cómo explicarlo coherentemente, pero todos sentimos que sí éramos nosotros mismos. Esta sensación no venía de nuestro cerebro, estábamos conectados con una consciencia superior que comprendía claramente que ambos "yo" eran sus manifestaciones. Pero allí en la plaza, sintiéndonos una sola persona, a nuestra mente le costaba mucho entender la situación. Yo además tuve dos experiencias en mundos totalmente diferentes, en la primera ocasión entré en la mente de mi otro yo, pero la segunda vez tuve una conversación de "yo" a "yo" de lo más interesante. En ambos casos supe, sin lugar a dudas, que se trataba de una parte de mi Ser.

Cada uno sintió que se trataba de otro "yo" totalmente diferente, no solo físicamente, su personalidad y sus emociones eran distintas pero algo en su consciencia se conectaba con nuestro mismo Ser. En cambio cuando estábamos en un viaje astral nuestra personalidad era bastante parecida, lo que cambiaba era nuestra percepción porque la consciencia se sentía expandida y los límites astrales eran diferentes. Por lo tanto, los "yo" de los universos paralelos físicos podían tener una personalidad completamente diferente a la nuestra, aunque la esencia de nuestro Ser estuviese presente en todos.

También comparamos las características físicas de los mundos, que eran bastante diferentes en cuanto a los límites físicos. En el caso de Ana Emilia los animales eran diferentes, aunque las relaciones humanas no eran tan distintas. La familia seguía siendo algo aparentemente normal y los hechos seguían teniendo un orden. Los medios de transporte también eran extraños y la energía que los impulsaba no provenía de la gasolina. Quizás era un impulso eléctrico o magnético. Al final decidimos que teníamos tantas preguntas que mejor intentaríamos reunirnos nuevamente en la noche con el maestro.

Capítulo 14

El Centro Galáctico

Esa noche me acosté y lo que más le pedí a Dios fue luz. Necesitaba integrar estas nuevas experiencias y me estaba costando aceptar como reales a mis otros "yo". Logré dormirme profundamente pero no sentí la vibración. Lo intenté varias veces hasta que me venció el sueño.

De pronto, en pleno sueño aparecí en un lugar realmente extraordinario. Sabía que no había salido voluntariamente en mi cuerpo astral, pero igual tenía total consciencia y poder de decisión en ese momento. Intentaré describirlo lo mejor que pueda: me encontré frente a una, digamos, "casa" pero solo por ponerle un nombre. Para llegar a la entrada había un camino de piedras que emitían luces de colores. Un niño de unos 10 años, muy blanco, de pelo blanco y ojos azules que se encontraba vistiendo una túnica dorada, me indicó amablemente que debía quitarme los zapatos; ni siquiera me había dado cuenta de que los llevase puestos, pero accedí de buena gana y se los entregué para que los colocara en el piso, cerca de un hermoso árbol. Entendí al instante porqué me descalcé, las piedras tenían texturas diferentes. Los sentidos los tenía tan agudizados que podía sentir en las plantas de los pies sensaciones nuevas en cada paso. Unas piedras eran suaves como la piel de un conejo, otras eran una especie de plastilina donde se marcaba la huella del pie y algunas eran frías y otras calientes.

Al aproximarme a la casa, noté cómo de sus paredes caían cascadas de agua que se mezclaban con cientos de colores, muchos de los cuales ni siquiera conocía. Desde que comencé mis experiencias en el mundo astral he notado cómo mis ojos perciben una gama de colores más amplia. Al caminar por las piedras con cada color sentía una emoción diferente: el color azul violeta me transmitió paz, el color rojo intenso amor, el amarillo lo sentí como alegría, el verde manzana fue de esperanza y un color indeterminado entre naranja, rosado y fucsia lo percibí como libertad. Invadido por una gran admiración por una experiencia tan hermosa y original, poco a poco, fui entrando en la casa.

El lugar parecía una escuela porque había varios jóvenes como yo, sentados en el piso alrededor del maestro. Había confortables cojines también de colores y el maestro me hizo señas para que me sentara junto a los demás. Al poco rato me asombré al ver entrar a Ana Emilia y a Rodrigo. Se acomodaron cerca de mí, nos miramos sorprendidos de encontrarnos allí, estábamos maravillados de la belleza del lugar. Entonces comenzamos a escuchar las palabras del maestro.

"Hoy nos sentimos privilegiados por esta creación tan armoniosa y colorida. Nuestros sentidos de la vista y el tacto se han deleitado. Démosle las gracias a Sirio, un gran artista." Todos se inclinaron hacia un joven de color negro y ojos amarillos, vestido con una túnica tornasolada. El joven sonrió y devolvió la reverencia. Dirigiéndose a nosotros el maestro dijo: **"Para cada reunión uno de los alumnos es el encargado del decorado de nuestro centro, tienen total libertad para crear todos los detalles del lugar. Nos encontramos en un centro galáctico de aprendizaje multiplanetario, ubicado en una nave matriz al cual asisten quienes desean evolucionar en el conocimiento universal de variadas materias."** Se dirigió a los jóvenes indicándoles que tal y como les había prometido, hoy visitaban el centro tres jóvenes del planeta Tierra, y que el viaje lo estaban haciendo desde la consciencia del Ser, utilizando un cuerpo astral.

Uno de los jóvenes preguntó si nosotros teníamos cuerpos físicos, a lo cual el maestro respondió que sí, que a diferencia de ellos cuya consciencia percibía su existencia en el plano astral nosotros lo hacíamos en un sistema de realidad físico. También nos indicó que todos los presentes habían tenido experiencias físicas tanto en la Tierra como en otros planetas y que, aun cuando no tuviesen un cuerpo físico en estos momentos, eventualmente continuarían con su aprendizaje en la tercera dimensión. Nos dijo que todos los presentes estaban familiarizados con la historia del planeta Tierra y habían participado en muchas de sus civilizaciones. Algunos estuvieron en la Atlántida, en el Imperio Maya o Egipcio. Otros, inclusive, habían vivido en civilizaciones anteriores a la Atlántida y tenían conocimientos muy importantes para el actual cambio de era del planeta Tierra y que quizás, en un futuro cercano, hablaríamos acerca de ellas para ampliar nuestro conocimiento. Por ahora, acotó el maestro, están viviendo aquello que les corresponde por el nivel vibratorio de su consciencia y su libre albedrío.

Una joven muy hermosa, de tez azulada y pelo casi blanco, preguntó si nuestra consciencia física estaba al tanto de nuestros viajes a otras dimensiones; el maestro le respondió que desde hacía un tiempo nos estábamos conectando con diferentes dimensiones, entre ellas con el cuerpo astral, y gracias a ello podíamos estar allí de forma despierta. Durante un tiempo aprenderán de sus experiencias físicas y ellos de sus vidas en el mundo astral. Tras esta introducción, los presentes nos dieron la bienvenida acercándose a nosotros uno a uno, tomándonos de las manos y sonriendo cariñosamente. Yo percibí un gran cariño y respeto, como si les conociera de toda la vida.

De inmediato el maestro nos observó como siempre con mucha ternura y comenzó lo que parecía una clase.

"El Ser o identidad total como algunos la llaman, es multidimensional. Por lo tanto evoluciona en múltiples sistemas de realidad de forma simultánea. Cada sistema de realidad en el cual habita un Ser tiene unos postulados básicos bajo los cuales evolucionan todas sus entidades. El tiempo y el espacio son percibidos de diferente manera dependiendo del sistema de realidad específico. Así las entidades que evolucionan lo hacen aceptando estos postulados." Hasta allí ya mi mente estaba invadida de muchas preguntas.

Aunque me sentía como el joven nuevo de la clase, decidí levantar mi mano y preguntar: "¿Entonces cuál es la realidad?" Todos miraron con atención al maestro que respondió: **"No existe una verdad absoluta, ni una realidad inmutable. Todo conocimiento está condicionado por las características de la personalidad que lo percibe. Así entonces existen tantas realidades como personalidades habitando el universo. Muchas de estas entidades o** personalidades que habitan un sistema de realidad no perciben los demás sistemas porque su mecanismo de percepción está adaptado a determinada frecuencia vibratoria. Pero también hay entidades en cuya evolución han logrado percibir varias manifestaciones de su Ser en forma simultánea.

Nacho y sus amigos han aprendido a utilizar su momento de reposo de la mente o sueño para conectarse con un sistema de realidad diferente que es el mundo astral. Igualmente perciben en sus sueños escenarios en los cuales su cuerpo astral se desarrolla en diferentes aspectos. Y recientemente, mediante la técnica del espejo, también han logrado percibir momentáneamente no sólo otro sistema de realidad, sino además otra manifestación física de su propio Ser. Algunos Seres logran expandir su consciencia en estados de meditación profunda y de contemplación. Muchos de los mundos en los cuales habita nuestro Ser nos resultarían totalmente fantásticos ya que los símbolos que se utilizan son inimaginables desde nuestro punto de vista. Esos símbolos son los límites de cada existencia. "

Un muchacho de cara y cuerpo verde preguntó: "¿Estos sistemas de realidad están de alguna manera conectados?" El maestro respondió: **"Sí, los sistemas de realidad no son cerrados, todos están interconectados entre sí y existe un constante flujo de energía entre ellos. Todo lo que tu Ser decide hacer aquí y ahora repercute inmediatamente en todas las demás manifestaciones, igualmente los otros "yo" tienen igual independencia de actuar y de influir en tu existencia presente.**

Así como es posible conectarse en consciencia desde el cuerpo físico al cuerpo astral, aumentando la vibración del cuerpo, también es perfectamente posible realizar viajes a otros sistemas de realidad, pero esto dependerá de las capacidades internas sensoriales que hayamos desarrollado en determinada existencia. Tanto en la realidad física, mediante los sueños o la meditación; como en la realidad astral, en estado de reposo mental, nuestra consciencia puede

conectarse con cualquiera de las manifestaciones o distintas personalidades del Ser Superior. Los que tienen enfocada su consciencia en el mundo astral, pueden percibir que algunas de sus otras manifestaciones habitan un mundo físico o un mundo en una dimensión diferente a la astral. "

Rodrigo entonces se animó a preguntar: "Si existimos en múltiples universos ¿cómo sabemos para donde debemos ir, cuánto tiempo nos tomará evolucionar, cuál es el objetivo?" El maestro se mostró muy complacido de que hubiese hecho esa pregunta y continuó: **"El progreso de cada Ser no se puede medir en un tiempo lineal. Aun cuando el Ser se manifiesta en infinidad de personalidades y realidades, cada una de estas entidades aprende a resolver los problemas de manera diferente. Cada lección aprendida hace que los sistemas de realidad en los cuales vive el Ser sean en vibración cada vez más cercanos a la Unidad y por ende a Dios. El Ser Humano aprende a co-crear purificando su pensamiento y equilibrando en si mismo las diferentes energías.**

Todas las personalidades tienen libre albedrío para decidir cómo avanzar en el reconocimiento de sí mismos y cada uno llegará a Dios por el camino que escoja. Para ello debemos experimentar infinidad de realidades y nuestras decisiones acertadas nos llevarán poco a poco a vivir existencias más placenteras y creativas. Por lo tanto, al estancarse una personalidad, enfrentándose una y otra vez al mismo problema sin lograr resolverlo, eso podría decirse que es lo contrario a evolucionar. En cambio quien enfrenta un problema y logra resolverlo estará avanzando en su camino. Las llamadas reencarnaciones ocurren en todas las manifestaciones del Ser, sus diferentes personalidades deciden participar en tantas vidas como sea necesario para ir creciendo en consciencia. En algunas existencias, cada vida dura miles de años, en otras solo unos años; a veces estamos totalmente despiertos acerca del funcionamiento del Universo, y en cambio en otras vivimos en una total oscuridad.

Por lo tanto, en nuestros sueños o reposos mentales podemos conectarnos con cualquiera de

estas entidades o personalidades, que habitan muchos sistemas de creencias tanto físicos como no físicos, en cualquier momento de su desarrollo o reencarnación. Existen muchos sistemas de realidad en los cuales predominan los datos físicos y otros muchos en los cuales simplemente no existe la materia. Nuestro Ser puede estar manifestándose en tantos sistemas como sean escogidos para su evolución."

Creo que el maestro percibía las conmociones que ocurrían en nuestras mentes y en nuestro corazón y estoy seguro de que todos los que estábamos allí, sin importar de donde viniésemos, intentábamos comprender lo que nos decía, y al menos a mí no se me hacía nada fácil.

El maestro nos indicó a nosotros tres que volveríamos al centro de aprendizaje el próximo día viernes. Nos animó a buscar información, en la computadora o en cualquier libro que pudiésemos, acerca de los universos paralelos. Se nos acercó y nos colocó las manos en la cabeza, yo sentí como una corriente pasaba a través de mi cuerpo y de pronto me encontré nuevamente en mi cuerpo físico.

Me hice la misma pregunta que se había hecho Ana Emilia, ¿qué finalidad tenía saber toda esta información? Desde lo más profundo de mi Ser, me llegó la siguiente respuesta: cada vez que mi consciencia se conecta con una manifestación diferente, todo mi sistema sensorial interno evoluciona y aprendo a co-crear junto con Dios. Me dejé llevar por el sueño, mi mente necesitaba descanso de tantas novedades juntas.

En el colegio nos reunimos en la biblioteca con la intención de buscar libros referidos a universos paralelos y para meternos en la red. Es posible que, debido a que nuestra biblioteca no era muy grande, el único libro que mencionara el archivo relativo a mundos paralelos fuese el de *Alicia en el País de las Maravillas*, de Lewis Carroll. Cuando fuimos a buscar el libro, nos quedamos impactados al ver que el mismo autor había escrito otro llamado *A través del espejo y lo que Alicia encontró allí*. Qué sorpresa comprobar que pasar a través de espejos para acceder a otras realidades no era algo nuevo, y que ya otras personas al menos mediante cuentos intentaron explicarlo.

En la red encontramos que muchos científicos dicen haber comprobado, mediante experimentos de física cuántica, la existencia de universos paralelos. También se habla de películas y libros de ciencia ficción en donde los personajes pasan a realidades alternativas. Sabemos que muchísimas caricaturas en la televisión hablan de otras dimensiones. Comprobamos que justamente gracias a la red, muchísimas personas hablan acerca del tema en diferentes blogs, páginas web y otras fuentes de información.

Estuvimos tentados a meternos en varios chats con personas a quienes les atrae el asunto, pero decidimos que todavía ni nosotros mismos acabábamos de comprender el universo que se nos estaba abriendo. Lo que sí nos quedó claro fue que el tema no era nuevo, unos intentaban explicarlo y otros muchos comprenderlo.

Llegado el viernes, nuevamente nos fuimos temprano a la cama. Comencé a hacerme la estrella de cinco puntas, sintiendo el paso de cada franja de luz por mi cuerpo, lo hacía mientras rezaba y esperaba sentir la vibración. Igual a lo que me había ocurrido anteriormente, sólo sentí una relajación muy profunda hasta quedarme dormido.

De pronto aparecí observando la casa donde se encontraba el centro de aprendizaje pero esta vez era completamente diferente de la anterior. El camino era un túnel hecho con matas y flores, de todas las formas y colores posibles. Esta vez el sentido que se me despertó fue el olfato, sentí olores maravillosos que jamás había percibido. Las flores exhalaban polen y mientras lo respiraba por la nariz sentía que de alguna forma nutría mi cerebro. Del techo caían ramas con frutas hermosas, fresas, manzanas, uvas, mangos, kiwis, me provocó tomar una fruta de color fucsia que no conocía, tenía el tamaño de una manzana pero con una textura aterciopelada, la saboreé poco a poco y me sentí muy bien. Había hermosas mariposas revoloteando a mi alrededor y una de ellas captó mi atención porque era especialmente llamativa, tenía unas alas enormes que pasaban por todas las tonalidades azules con dos círculos blancos en las puntas, me guió hasta la puerta de la casa.

Esta vez no tuve que quitarme los zapatos, seguí caminando hasta el interior de la casa. Los alumnos estaban meciéndose en columpios hechos de flores y ramas con frutas, la joven blanca de tez azulada me señaló uno de los columpios, me elevé hasta sentarme y comencé a balancearme. Seguían llegándome divinos olores que me hacían sentir diferentes emociones. Rodrigo entró primero y al rato llegó Ana Emilia, quien parecía totalmente encantada con el lugar. Ambos ocuparon sus columpios y el maestro se colocó en la copa de uno de los árboles que hacía las veces de cojín gigante.

El maestro comenzó a hablar: **"Este hermoso paisaje y sus divinos olores y sabores debemos agradecerlos a Alanis."** La hermosa joven de tez azulada nos sonrió amablemente y todos le mostramos lo complacidos que estábamos con su creación.

"Hoy hablaremos de un concepto denominado tiempo, esto les va a ayudar a comprender la multidimensionalidad del Ser. Imaginen por un momento que se encuentran observando toda la arena del océano o de un desierto a través de un microscopio cuyo lente sólo permite ver un grano a la vez. No se les permite voltear a ver los demás granos, sólo pueden

pasarse cada vida observando un grano de arena. Pero si a esta misma persona se le permitiera ver desde el cielo todos los granos de arena juntos de una sola vez, esto ocurriría en un segundo. El Ser Superior observa todas sus manifestaciones o granos de arena desde el cielo, pero la mente humana sólo puede ver un grano por vez, o una vida por vez, y por lo tanto siente que transcurre mucho tiempo entre cada vida. Existen diferentes percepciones del tiempo, y también existe el "no tiempo" o el tiempo de Dios.

Para el Ser Superior el pasado, el presente y el futuro forman parte de un eterno presente, porque observa toda su existencia desde otro plano. La cadena secuencial de acontecimientos es el producto de nuestra estructura mental que solo es capaz de ver uno por vez. Mientras más lenta es la vibración de una manifestación, como por ejemplo la tercera dimensión o cuerpo físico, la separación psicológica entre pasado, presente y futuro es mayor. En cambio, la percepción del tiempo de una entidad en una existencia del mundo astral en la cuarta o en la quinta dimensión es

diferente. Mientras más nos acercamos al nivel vibratorio del espíritu todos los conceptos de tiempo y espacio, así como la existencia del bien, del mal y de todos los opuestos, van desapareciendo. Poco a poco, el microscopio comienza a utilizar lentes de menor aumento, algunas de las manifestaciones del Ser tienen chispas de consciencia de la existencia de sus otros yo y la mente es capaz entonces de observar más de una vida por vez."

El maestro nos animó a preguntar y esta vez fue Ana Emilia quien intervino: "¿Si todo ocurre en un mismo momento, podemos cambiar el futuro?" El maestro respondió: **"Me complace que hayas comprendido el alcance de lo aquí referido. No solo se puede cambiar el futuro, sino que también se puede cambiar el pasado. Si mentalmente cambiamos la naturaleza de nuestro pasado estaremos influyendo en sus efectos futuros, es decir, nuestro presente. Igualmente, con cada gesto de nuestro presente influimos en el futuro. La distancia entre los distintos sucesos que ocurren en nuestra vida no es causada realmente por los siglos o años que** transcurren, sino por una separación psicológica de nuestra mente ya que le es difícil, por su estructura, concebir el tiempo de otra forma que no sea lineal".

Un joven sentado detrás de mí hizo la siguiente observación: "Una vez escuché decir a uno de los sabios del centro evolutivo de mi planeta, que había sistemas de realidad en los cuales el tiempo se percibía como peso." El maestro respondió: **"El tiempo puede ser percibido como sonido, peso, vibración u otras formas dependiendo del lugar en donde ese Ser se esté desarrollando. Para quienes habitan el mundo astral y no tienen un cuerpo físico, el tiempo transcurre de forma diferente aunque sigue siendo lineal. En cambio existen realidades en otras dimensiones en donde el tiempo es más psicológico, se mide por experiencias vividas, por aprendizaje adquirido. Hay seres para quienes el tiempo y el espacio simplemente no tienen relevancia.**

Otro concepto relacionado al tiempo es el espacio. Ustedes tienen la concepción de que habitamos un espacio y de que entre los planetas

Tierra, Marte, Júpiter o Venus y este centro de aprendizaje existe un espacio. Esto en realidad es la percepción que sus sentidos les indican, el espacio es creado por su propia mente ya que todo lo que ustedes perciben es su creación mental. Con esto no estoy diciendo que no sea real, y que todo esto sea una alucinación, les estoy indicando que lo que para ustedes es un espacio para otros Seres que habitan otras realidades ese concepto no existe y por lo tanto su consciencia se encuentra en un nivel diferente."

Todas estas explicaciones hacían que mi cuerpo vibrase como quien tiene un escalofrío de pies a cabeza. Estaba ajustándome a esta nueva forma de ver la vida. Al final el maestro informó, dirigiéndose a nosotros los terrícolas, que tendríamos una última clase en el centro multiplanetario antes de comenzar una nueva etapa de aprendizaje en un planeta vecino. Nos vemos mañana sábado fue lo último que escuché. Dicho esto, sentí un aroma intenso a pino e inmediatamente me hallé en mi cama.

En mitad de la madrugada estuve reflexionando acerca de la idea de que el tiempo que yo consideraba único era más bien relativo y esto me hizo replantearme muchas cuestiones. Comencé a hilar muchas experiencias vividas en los últimos meses. Me dormí pensando en la extraña frase "podemos cambiar el pasado".

A la mañana siguiente, como ya se nos había hecho costumbre, nos reunimos en la plaza. Comimos unos helados porque estaba haciendo bastante calor y nos fuimos caminando a casa de la tía Eugenia. Ella nos invitó a almorzar y después de comer comentamos que, aunque la comida estaba exquisita como siempre, nuestros sentidos se encontraban agudizados y podíamos distinguir los ingredientes en cada bocado. Les dije que su comida era siempre especial, a lo cual su esposo, el tío Javier, nos respondió que eso se debía a que todo lo cosechaban ellos mismos en su huerto y que así se mantenían llenos de amor y energía. Me pareció de lo más interesante esta explicación. Nuestra vida estaba cambiando minuto a minuto y todos nos sentíamos llenos de paz y esperanza. Nos preguntamos cómo sería nuestra próxima aventura y cuál planeta visitaríamos. Nos pasamos toda la tarde meciéndonos en los chinchorros del patio, conversando acerca de todo lo que estábamos viviendo.

Llegada la noche me acosté temprano, como había hecho desde la primera vez que llegué a las clases multiplanetarias del maestro, me dormí profundamente y desperté en total consciencia en el centro de aprendizaje.

Lo primero que percibí a lo lejos fue una música que llenaba todo el espacio, era lo más hermoso que hubiese escuchado en la vida. Al principio pensé que escuchaba sólo con los oídos, pero luego comprendí que cada nota tocaba mi corazón y me hacía sentir nuevamente diversas emociones.

Me encontraba más lejos de la casa que las veces anteriores y antes de acercarme decidí echar un vistazo alrededor. Me percaté de que alrededor de la casa habían plantaciones en lo que parecían campos de labrado. Cada sector de más o menos 1.000 metros cuadrados tenía un tipo de cosecha diferente y estaba protegido por unos techos transparentes de los cuales salía algo como vapor de agua.

Decidí acercarme un poco más y cuando me asomé para ver una cosecha desde cerca sentí vértigo en el estómago al ver que continuaban hacia abajo, unas encima de otras, apenas rozándose los techos. No estaban en un sitio recto, se perdían de vista hacia los lados y hacia abajo.

De pronto sentí una presencia detrás de mí y al voltear, la muchacha que reconocí como Alanis sonreía divertida. Me dijo con una voz melodiosa: "Hola, como ya sabes mi nombre es Alanis. Antes de entrar en nuestra clase, y mientras esperamos a tus amigos, quiero hablarte un poco acerca del mundo astral, como me sugirió el maestro".

Me alegré mucho de verla, no sabía cómo explicarlo pero algo en ella me resultaba muy familiar. Le di las gracias por compartir conmigo sus conocimientos.

"Como ya sabes, aquí en el mundo astral no tenemos necesidades físicas: no necesitamos consumir alimentos, ni respirar aire, ni dormir. Pero a los que hemos tenido alguna vez un cuerpo físico, nos da gusto, en ocasiones especiales, ingerir ciertos alimentos y lo hacemos como si estuviésemos en el mundo físico. Como en el mundo astral las sensaciones son muy intensas disfrutamos de cada sabor y esto nos genera un gran placer. Aunque no requerimos dormir, para acostumbrar a la mente a reposar, cada día al caer el sol, nos acostamos y entramos en lo que ustedes considerarían una meditación profunda. Además, tal y como nos ha explicado el maestro, utilizamos esos momentos para conectarnos con las otras manifestaciones de nuestro Ser. También tenemos sesiones diarias de meditación en familia, nos reunimos para hablar acerca de las leyes universales de la Suprema Deidad y para conectarnos con nuestro Ser Superior".

Me llamó la atención que hablara de Dios en femenino y le pregunté si ellos pensaban que Dios era mujer. Se rió de mi pregunta y me respondió lo siguiente: "En nuestras clases de espiritualidad en los Templos del Saber, nos han enseñado que la Suprema Deidad o Dios, como tú lo llamas, contiene los géneros femenino y masculino, y además está por encima de esta diferenciación. La madre naturaleza representa la parte femenina de Dios y el Padre Universal a la parte masculina. A nuestra sociedad le atrae su aspecto femenino porque hemos aprendido a admirar el rol de las madres en la familia y agradecemos todos los días los regalos de la madre naturaleza. Sabemos que los opuestos se complementan, pero pensando en la Suprema Deidad le damos una especial relevancia a los dones de la Madre Universal".

Decidí comenzar a incluir en mis rezos a la Suprema Deidad, en honor a mi madre y a Alanis. Observando las cosechas me dijo: "Estos son experimentos de científicos para ayudar a los habitantes de los mundos más densos como el tuyo. Saben que el mayor reto de una vida física es crear un jardín perfecto en total armonía con la naturaleza, esos conocimientos se han ido perdiendo a lo largo de los siglos especialmente en el amado planeta azul. Imagínate que cada fruta, cada vegetal, cada flor que crece en tu planeta tiene relación con la energía de los astros en el firmamento, ya que todo está relacionado con todo, y son esos hermosos secretos de la Madre Creadora los que disfrutan descubrir en lugares como este. Acompáñame a entrar en una de ellas".

La seguí complacido, no sólo porque era hermosa sino además porque era muy cariñosa e inteligente, y había algo en ella que me atraía muchísimo, pero no era por su físico sino por su interior, su espíritu.

Llegamos a una carpa transparente enorme, al entrar había cientos de macetas con flores blancas parecidas a las orquídeas y en el aire había muchísimo vapor de agua. Había varias personas vestidas de blanco observando las flores con unos aparatos que parecían unos avanzados microscopios.

Una persona a quien describiría como un ser humano con rasgos orientales chinos, y con la piel de tono amarillo, se nos acercó y nos explicó: "El oxígeno que forma parte de la composición atmosférica es parte fundamental en el ciclo energético de todos los seres vivos terrestres, sin este el cuerpo se deteriora hasta morir. Las hojas verdes de estas flores blancas tienen la capacidad de generar mayores cantidades de esta energía química llamada oxígeno que otras especies de plantas. Tenemos la esperanza de ayudar en la regeneración de la atmósfera del planeta Tierra y de otros mundos que lo requieran reimplantando esta especie que se ha extinguido. Todas estas cosechas contienen alimentos fundamentales tanto para el planeta Tierra como para muchos planetas físicos.

Aprendemos todo lo posible acerca de cada planta, sus frutos y sus flores. Cuáles son sus aportes nutricionales al cuerpo humano, en qué medida son medicinales, y cómo deben cosecharse. Todo este conocimiento es primordial para la vida en el mundo físico, de hecho sólo a través de la integración en armonía del hombre y la naturaleza puede sobrevivir un planeta".

Mientras el hombre hablaba yo llenaba mis pulmones de oxígeno, sabía que no necesitaba respirar pero igual sentía cómo me llenaba de energía al hacerlo. Un joven se acercó a la entrada de la carpa y nos indicó que el maestro comenzaría pronto su clase.

Nos despedimos y nos dirigimos a la casa en donde se impartían las clases. Al contemplar la escena frente a la casa me quedé paralizado. Cientos de figuras geométricas volaban de un lado a otro al compás de una música preciosa. Era una música para el alma, cada nota hacía vibrar hasta el último átomo de mi cuerpo. Alanis sonreía a mi lado, me sentía extasiado. Me costó acercarme a la puerta de la casa, quería quedarme allí, disfrutando de un concierto inigualable. Finalmente al entrar, observé que flotando en medio de todos los alumnos había muchísimos tipos de instrumentos tocando una melodía de fondo. Reconocí solo algunos de ellos, la mayoría eran formas extrañas de las cuales salían sonidos desconocidos por mí. Esta vez nos sentamos en círculo sobre unos cojines hermosamente adornados.

El maestro comenzó diciendo: **"Hoy nuestros amigos de la Tierra han quedado gratamente impresionados gracias a Kalian, nuestro gran músico."** Su cuerpo era pequeño, sus rasgos orientales delicados y sus ojos amarillos. Tenía el pelo negro recogido hacia atrás en una trenza. Todos nos inclinamos hacia él, demostrándole admiración.

"Antes de entrar en el tema de hoy, Kalian va a dar una explicación acerca de la importancia de la frecuencia vibratoria de la música." El joven se colocó en el medio del salón, un poco asombrado por la indicación del maestro y nos comunicó: "Toda la música que escuchamos se encuentra en la natural frecuencia vibratoria 432 Hertz porque unifica las propiedades de luz, espacio, tiempo y magnetismo con la biología existente en todas las formas vivas. Esta afinación tiene efectos profundos e importantes en la consciencia molecular de cada célula de nuestros cuerpos. Activa toda la estructura genética y armoniza los centros de energía del cuerpo."

A continuación, Kalian retornó a su lugar y el maestro nos explicó lo siguiente: **"Nuestros invitados de la Tierra no son expertos en temas musicales pero han notado, no solo en su cuerpo sino en su espíritu y en sus emociones, como la música que escuchamos es diferente a la que ellos escuchan en su planeta. Esto se debe a que desde hace unos 80 años, gracias a unas indicaciones precisas de unos seres muy conscientes de lo que estaban haciendo y de sus consecuencias para la humanidad, se cambió la afinación a la frecuencia 440 Hertz. Esto ha producido y sigue produciendo una distorsión a nivel de la consciencia de la humanidad y de su ADN. Un gran iluminado llamado Pitágoras y todos los estudiosos de la geometría sagrada comprendían que la afinación 432 Hertz de la nota LA es absolutamente armoniosa en términos matemáticos y determina que todas las demás notas musicales estén naturalmente a tono. Este será uno de los cambios más determinantes para ayudar a la humanidad en su cambio de consciencia** y muchos seres se encuentran trabajando para que la frecuencia vuelva a ser la natural 432 Hertz."

Mientras escuchaba al maestro, mi mente se llenaba de preguntas acerca de esos seres interesados en evitar la evolución de la humanidad y en evitar a toda costa el despertar espiritual. Lo increíble es que lo hacían en nuestra propia cara, y no nos dábamos cuenta de estos engaños. Cuantas piezas más del rompecabezas estábamos descubriendo en nuestros viajes.

El maestro con actitud muy amable continuó: **"Hoy hablaremos acerca del poder creativo de la consciencia del Ser. Cada imagen mental o emoción trae consigo una creación real. Debido a que el Ser fue creado por el Absoluto Creador, en su esencia conserva la necesidad de crear. La creatividad que emana de la consciencia del Ser es infinita, y es por esto que el Ser continúa con su evolución de forma espontánea. No puede quedarse eternamente sin hacer absolutamente nada, aunque viviera en un cielo perfecto, al final necesitará seguir creando ya que está en su esencia, es parte de Dios El Creador.**

En la realidad física se perfecciona la creatividad bajo los límites materiales densos, en otros sistemas de realidad no físicos se hace bajo otros parámetros. Con sólo ver alrededor del planeta Tierra o en cualquier otro planeta de este sistema solar, nos percatamos de que la raza humana vive para ser creativa en todos los campos posibles. La importancia de este conocimiento es que creamos día a día todo lo que nos rodea con imágenes mentales y emociones, materializamos una parte en lo físico y otra parte en realidades no físicas, al final somos nuestros pensamientos y emociones. El vivir en imágenes y emociones positivas se reflejará siempre en sus vidas.

Todos los sueños son escenarios astrales o mentales creados por pensamientos y emociones humanas. Podemos conectarnos con los sueños de otras personas, ya sean familiares o amigos, ya que nuestra consciencia puede enfocarse en cualquier lugar. Tendemos a pensar que los sueños son irreales cuando son ilógicos y extraños, pero es porque limitamos la experiencia de nuestro espíritu al plano de nuestra vigilia. Pero cualquier escenario onírico por más estrambótico que nos parezca es una manifestación real, y no desaparece al despertar. Los deseos más profundos son pensamientos cargados de emocionalidad que crean rápidamente realidades astrales, mentales y físicas.

El subconsciente es donde guardamos los límites y bloqueos, al enfrentarnos a una situación tomamos de allí lo necesario y lo llevamos a nuestro consciente por medio de nuestros pensamientos y emociones. Entonces vamos creando nuestra realidad segundo a segundo. Imaginen que el subconsciente es un lugar que hemos ido llenando con miles de ingredientes de todas nuestras existencias, cada vez que nos topamos con algo en la vida, bajamos a este depósito, escogemos lo que consideramos apropiado, preparamos una comida y luego le damos un gusto específico a lo que vivimos. Cada quien vive la vida de forma dulce, amarga, ácida o picante dependiendo de cuales ingredientes utilizó. Cuando comprendes que ese lugar puede modificarse, podemos agregar y quitar ingredientes, entonces aprendes a cambiar tu realidad enfocando tu vida con ingredientes de compasión, amor, perdón y respeto.

Todas las personas tienen dentro de sí unos enormes depósitos subconscientes, es posible que sus acciones estén distorsionadas por lo que allí han guardado y que simplemente se hayan olvidado de quienes son en realidad. No han usado ingredientes adecuados y sus vidas así lo reflejan. Es posible visitar este depósito y limpiarlo, botar lo que no se necesita para luego llenarlo de amor, paz, alegría y esperanza.

Por eso es tan importante el entrenamiento de la mente. Si un individuo pasa el día divagando acerca de lo que quiere en la vida, sin pensamientos coherentes y concretos, en estado de confusión emocional, eso es exactamente lo que su vida reflejará. Simplemente materializará alguno de estos escenarios creados por él mismo. En cambio, un individuo con una meta clara, enfocado día a día en lograrla, emocionalmente en paz, libre de límites y bloqueos, creará escenarios ideales entre los cuales escogerá lo que al final se materializa en el

mundo físico. Todo esto dentro de los parámetros de las leyes universales, tales como la ley de causa y efecto, y la ley de atracción. Para los habitantes de los mundos físicos es menos obvio el proceso creativo, porque no lo ven, ocurre lentamente. En cambio en el mundo astral y mental, la creatividad se muestra frente a nuestros ojos en forma inmediata.

En una familia las emociones y pensamientos de todos sus integrantes determinan la armonía reinante en ella; igualmente en las ciudades, los países y al final todo lo que ocurre en un planeta está determinado por sus pensamientos y emociones. Somos uno con el alma grupal de nuestra raza o de nuestra humanidad. Por lo tanto es crucial para el avance evolutivo de un planeta, que sus habitantes asuman su poder creativo y lo utilicen para fabricar una mejor realidad."

Sin poder controlarlo, dije en voz alta lo que estaba pensando: "¿Entonces para qué tengo un cuerpo físico?, ¿por qué no nos quedamos en el mundo astral donde todo se crea de inmediato?" No sé si me puse o no rojo como un tomate, pero los demás me miraron divertidos por mi comentario.

"Estás haciendo una pregunta que todos nos hemos hecho tarde o temprano. Y nos alegra mucho que la hayas verbalizado. Gracias a Dios, la creación en el mundo físico ocurre de manera lenta. Por esto justamente es un lugar de aprendizaje para comprender los procesos de creación de la materia. Si todos los pensamientos y emociones se manifestasen de forma inmediata en el mundo físico, no habría posibilidades de rectificación. Observamos lo que materializamos de forma lenta para poder aprender a controlar y enfocar nuestros pensamientos y emociones de la forma más apropiada para nuestra evolución. El mundo físico es como si hubiesen puesto una película que va a la velocidad de la luz en modo de súper lento, así percibimos mejor todos los detalles. Un día en el mundo físico equivale a un parpadeo desde otro sistema de realidad no físico.

Las diferentes dimensiones y realidades no están unas sobre otras, no son unas mejores o peores. Son simplemente diferentes formas de expresar la creación de Dios y de experimentarla. Si estás viviendo una realidad física, eso no quiere decir que estás en el comienzo de algo o en el final de una evolución, todo ocurre en paralelo. No es mejor vivir en el mundo astral o mental, es simplemente otra experiencia. Para experimentar los opuestos se colocaron límites como el concepto de tiempo, así los Seres crean y experimentan de forma podríamos decir rápida, ya que sienten que se les acaba dicho tiempo. Si no existiesen estos límites, bien podría un Ser pasarse una eternidad para experimentar cualquier cosa. Por lo tanto, son límites autoimpuestos para este sistema de realidad específico y nos ayudan a experimentarlo de la mejor manera.

Es un privilegio tener un cuerpo físico, puedes aprender a anclar la Luz y el Amor en la materia ayudando a Dios como co-creadores de la realidad física. Esta sería en última instancia la labor de todos los habitantes de los mundos físicos, atraer la luz a la Tierra, traer el Reino de Dios a la materia. Aprender a co-crear en la mayor densidad

posible, permite a los Seres Humanos proyectar su pensamiento y emociones en la creación de nuevos universos físicos o de cualquier vibración deseada. Un espíritu con un cuerpo físico humano puede co-crear, en la tercera y en todas las demás dimensiones, en cambio un espíritu que no habita la tercera dimensión solo puede co-crear en las demás dimensiones. "

Al escuchar esto me sentí mucho mejor, entendí la importancia de tener un cuerpo físico, es como la base en donde se sostiene todo lo demás, es así como un doctorado espiritual. El maestro continuó explicando lo que serían nuestras futuras experiencias astrales.

"Nuestros amigos terrícolas van a continuar con su aprendizaje en el plano astral de dos lugares diferentes. Alanis será su guía en su hogar en el planeta Venus y Kalian los acompañará a Marte. Se proyectarán con sus cuerpos astrales a este centro galáctico y desde aquí nos trasladaremos a nuestro destino. Esto lo harán durante dos noches seguidas, primero iremos a Venus y luego a Marte, yo les

ayudaré mentalmente en este proceso. El jueves que viene será su primer viaje."

Al escuchar esto regresé a mi cama sin lograr despedirme de nadie. Un solo pensamiento ocupaba mi mente: Alanis. No pude dejar de sonreír pensando que conocería su mundo.

Capítulo 15

Venus y Marte

Durante los siguientes cuatro días conversamos acerca de toda la información recibida en el centro galáctico. Todavía a nuestro cerebro le cuesta mucho comprender los conceptos de "vidas multidimensionales" o de "la relatividad del tiempo y el espacio", y probablemente, como dice el maestro, a nuestro ego no le convencen estas ideas.

Nos animaba mucho la idea de que conoceríamos la forma de vida astral de dos planetas de nuestro sistema solar y nos preguntábamos si existiría la vida física y cómo sería. Finalmente llegado el jueves nos acostamos preparados para viajar como astronautas astrales.

Nuevamente, luego de relajarme y de rezar haciéndome la estrella de cinco puntas, sentí que entraba en un estado de profunda paz y repentinamente me encontré en el centro galáctico. Esta vez estaba el maestro junto a Alanis frente a lo que parecía una pequeña nave espacial, me les acerqué al tiempo que a mi lado aparecían Ana Emilia y Rodrigo. El maestro nos indicó que entrásemos en el vehículo por una puerta en forma de círculos concéntricos que se abrió frente a nosotros. El maestro nos explicó que usaríamos esta pequeña nave porque requeríamos llegar juntos al nivel astral medio del planeta Venus y así sería más seguro. La nave era manejada con la mente del maestro, ya que en el mundo astral no se requiere combustible ni nada parecido. Mientras viajábamos nos explicó lo siguiente: **"La propulsión de las naves espaciales tanto físicas como astrales se logra gracias a microorganismos que convierten sustancias gaseosas en sólidas, estos se encuentran situados en el interior de las paredes de la nave. Luego de absorber el aire que**

pasa por las paredes porosas, crean unas pequeñas esferas que posteriormente vuelven a descomponerse en una sustancia gaseosa, logrando así la propulsión deseada. Las paredes de las naves son cultivadas, luego los microorganismos son atraídos hacia estas paredes completando todo el sistema. Pero lo más importante es utilizar el poder creativo del pensamiento humano para lograr que todo se encuentre en perfecta armonía." Creo que nunca hubiese imaginado que una nave espacial fuese algo tan natural. Entonces, se me ocurrió preguntar si era posible densificarse y pasar a la tercera dimensión desde el mundo astral y el maestro nos contó que en algunos lugares sagrados existían puertas dimensionales que permitían ese proceso de materialización. Nos dijo que en la Tierra había varias de estas puertas, pero que muy pocos sabían de su existencia y muchos menos las sabían utilizar. Mientras el maestro hablaba, me imaginaba a Alanis pasando por una de estas puertas y volviéndose física, en verdad me llamaba mucho la atención.

En un abrir y cerrar de ojos nos encontramos entrando en la atmósfera del planeta Venus presenciando los paisajes más impresionantes. Sobrevolamos unas montañas de color morado que cambiaban de colores y vimos un océano dorado con toques de verde y azul, todo era tan espectacular que por un momento pensé que de verdad estaba soñando. Poco a poco descendimos en una ciudad. Cada una de las casas era una obra de arte y de creatividad que dejaría locos a los arquitectos de la Tierra. Me llamó la atención que el color del cielo era diferente en cada casa, Alanis nos explicó que cada familia podía decidir no solo cómo era su hogar sino también el cielo encima de este.

Llegamos finalmente a lo que resultaría ser la casa de Alanis, nos esperaban en la puerta dos seres a quienes nos presentó como sus padres. La casa tenía forma de burbujas, como cuando uno las hace con jabón. La mayor parte de la casa era transparente, pero tenía muchísimos árboles, algunos bien raros pero hermosos, que cubrían algunas zonas. Desde la burbuja más alta caía una cascada con los colores del arcoíris mientras se escuchaba el sonido de un arpa y el agua pasaba entre las flores y hojas de todos los tamaños y formas hasta llegar al piso.

Los padres de Alanis nos invitaron a entrar como si de unos familiares cercanos se tratara. En un primer espacio había lo que sería una sala, esta tenía un elaborado sofá de madera que se veía hermoso y allí nos sentamos nosotros. Creo que el brinco fue de los tres al mismo tiempo justo al apoyarnos en el sofá. Todos en la sala comenzaron a reír. Alanis nos explicó al momento: "Todo en el mundo astral es creación individual de cada Ser y este puede decidir que algo se vea como madera, pero se sienta como suaves plumas." La imaginación no tiene límites. Eso fue exactamente lo que nos impactó a los tres, nos esperábamos algo duro y nos sentamos en algo agradablemente suave y acolchado.

El maestro le pidió a Alanis y a sus padres que nos hablaran un poco acerca de cómo había sido su vida en el mundo astral de Venus. Alanis comenzó a contarnos: "Nos encontramos en el astral medio del planeta Venus, eso significa que las personas que lo habitamos tenemos un nivel de consciencia similar que nos permite compartir y desarrollarnos en dicho nivel. No es que exista una línea que divide al planeta en bajo, medio y alto astral, simplemente cada quien ocupa el lugar que le corresponde de acuerdo a la frecuencia vibratoria de su consciencia. Yo nací en el mundo astral, no tengo un cuerpo físico en esta vida, pero tengo recuerdos de existencias físicas en el planeta Venus y en otros planetas como la Tierra."

Me animé a preguntarle: "¿Por qué Venus se desarrolla en el nivel astral y no en el físico?" Alanis continuó: "Hace varios millones de años la vida física en el planeta Venus se parecía mucho a lo que es ahora su planeta Tierra. Había muchísimas injusticias, violencia, pobreza, guerras, avaricia y en general todos los aspectos negativos que pueden existir. Poco a poco la gente común comenzó a expandir su consciencia, la percepción del bien y del mal comenzó a cambiar. Comprendimos que este no era el mundo en el cual deseábamos seguir desarrollándonos, sabíamos que era fruto de los pensamientos y las emociones colectivas en desequilibrio, y decidimos crear otra realidad alternativa para aquéllos que aumentaron su nivel vibratorio interno. Luego de un tiempo hubo finalmente una revolución y todas las personas que trabajaban en las fábricas y en todas las estructuras que limitaban la libertad de los seres humanos dejaron las ciudades y se fueron al campo. Al principio fue muy difícil sobrevivir, pero el compañerismo y el amor entre todos ayudaron a sobrellevar esta nueva etapa. Cada familia aprendió a crear unos jardines autosustentables. Lo importante ya no eran las cosas materiales sino la conservación de la naturaleza. Se vivía en total armonía. Algunos de los que no quisieron cambiar su forma de vida, porque estaban apegados a las cosas materiales y al poder que habían acumulado, terminaron por irse del planeta ya que no podían continuar allí con su forma de vida. Ya teníamos naves espaciales y muchos acabaron en el planeta Tierra. Otros se encuentran en el bajo astral. Luego de cientos de años viviendo una vida sencilla pero plena, nuestras consciencias comenzaron a vibrar en un grado mayor debido a que nos encontrábamos centrados en el amor y en armonía con la naturaleza. Con las consciencias expandidas, se podía acceder a otras dimensiones y a otros cuerpos más sutiles que el físico. Durante un tiempo vivimos en el planeta físico seres con vibraciones cada vez más diferentes, algunos seguían necesitando vivir emociones negativas y otros más bien deseábamos crear otro tipo de realidad. Los planetas tienen ciclos, también Venus comenzó uno de regeneración, lo llamamos era de hierro. Por lo tanto, decidimos enfocar nuestra consciencia en una dimensión superior y una parte de la civilización decidió pasar al nivel astral. Todo esto mientras se reacomoda el planeta a nivel físico. Esto no ocurrió en un solo día, fue un proceso de muchísimos años. Ya finalizó la era de hierro del planeta, en donde se estuvo regenerando su naturaleza, por lo que volveremos a comenzar a poblar el nivel físico, ya que muchos necesitamos desarrollarnos y equilibrarnos en dicho nivel. Los planetas en realidad son Seres de unas proporciones inimaginables y tienen ciclos de vida como los seres humanos. Nacen, maduran y mueren para pasar a un nuevo ciclo, a una nueva vida."

Ana Emilia preguntó entonces: "¿Quiénes viven entonces en el bajo astral y cómo es?" El padre de Alanis decidió responder: "Alanis nunca ha ido al bajo astral, pero yo sí les puedo explicar un poco acerca de este. Muchos seres cuyas consciencias no han evolucionado lo suficiente viven apegados a los deseos y emociones que les producen placeres de tipo material. Si para un individuo acumular cosas es importante, llenará su casa de objetos hasta casi no caber en ella. Otros se pasarán la vida comiendo o en algún acto lujurioso y sus entornos reflejarán la depresión en la que habitan, ya que en el mundo astral el pensamiento y las emociones crean todo. Sólo pueden aparecer en el nivel astral medio o alto cuando la vibración de sus consciencias se acople a la de dichos niveles. Un maestro sí puede entrar en su entorno para ayudarles, ya que es necesario un entrenamiento espiritual especial para adentrarse en estas frecuencias vibratorias densas, sin embargo, un ser inexperto quedaría atrapado sin posibilidad de alzar vuelo en un mar de emociones densas. Sentimos mucha compasión por estos Seres, y todos los días les enviamos nuestras mejores energías, pero sabemos que cada quien elige su camino y todos llegan a la Suprema Deidad tarde o temprano. Algunos Seres que se quedaron viviendo la regeneración física del planeta, simplemente murieron físicamente y reencarnaron en otro planeta para continuar con su evolución en densidades materiales similares, muchos comenzaron un nuevo ciclo de encarnaciones en el hermoso planeta Tierra. Otros pasaron al bajo astral que les acabo de señalar."

Recordé lo que Alanis me había explicado en relación al lado femenino de Dios, cuando su padre habló de la Suprema Deidad. Yo había decidido hacerla parte de mis oraciones, en vez de decir Padre Nuestro, ahora digo Dios Padre y Madre.

El maestro entonces le sugirió a Alanis: "**¿Por qué no llevas a nuestros invitados a tu cuarto para que lo conozcan?**"

Encantados nos incorporamos y seguimos a Alanis. Ana Emilia le preguntó cómo hacían los vestidos en el mundo astral, ya que le llamaba la atención que tanto su vestimenta como la de su madre parecían obras de arte. "Todos los vestidos los hacemos nosotros mismos desde que tenemos edad suficiente para crearlos. Como el límite es la imaginación, podemos utilizar todos los materiales, colores, texturas, olores y hasta sonidos que deseemos." Alanis llevaba un vestido de color azul turquesa del cual colgaban hermosas flores de color blanco y su mamá parecía vestida de sol ya que su vestido emanaba rayos dorados y plateados.

Llegamos al cuarto de Alanis subiendo por unas escaleras que emitían divertidos colores y notas musicales al subir. Todos hicimos una exclamación de asombro al entrar al cuarto. Su cama era una nube blanca y en el techo se veía todo el firmamento, lleno de estrellas y planetas luminosos de todos los tamaños. Había varias plantas que nunca había visto flotando alrededor, me acerqué a una de ellas de la cual salían diminutas flores moradas, el olor era una mezcla de pino y miel. Tenía un escritorio con su silla, ambos de madera tallada. Nos dijo que su padre se lo había hecho a mano. Rodrigo se rió y comentó: "¿Para qué hacer algo a mano si puedes hacerlo con la mente?"

Alanis nos pidió que nos sentásemos en unos cojines en forma de conchas marinas, muy cómodos por supuesto, y nos contó lo siguiente: "Durante nuestra infancia los adultos nos enseñan el proceso de creación. No es que yo piense algo y enseguida se manifieste, para crear algo tengo que imaginar cuidadosamente el objeto con todas sus características y medidas, la textura que va a tener, su olor, los colores y hasta su duración. Cuando era niña jugábamos creando ciudades de verdad con personas y vehículos en miniatura, pero con la intención de que al final del juego se desvaneciera. Pero la mayoría de las cosas son permanentes, y para cambiarlas su creador debe transformarlas en otro objeto, no las puede desaparecer.

Todos respetamos los gustos de los demás y no interferimos con sus creaciones. La vida astral en el planeta Venus puede durar varios miles de años, hasta que el Ser decida culminar su existencia porque desea evolucionar en otras dimensiones. Cada individuo puede desarrollar muchos talentos. Todos interpretamos al menos un instrumento, a la vez que disfrutamos enormemente de hacer las cosas con las manos, tal y como se haría en el plano físico. Podría decirse que como disponemos de todo el tiempo del mundo es factible que nos aburriésemos si creásemos todo con la mente. Mi padre talló con sus manos este escritorio y esta silla para mí y en cada detalle siento el amor con que lo realizó.

Sentimos que el maestro nos llamaba y volvimos escaleras abajo. Al bajar noté que en una de las paredes de la sala había un enorme cuadro. En realidad lo llamo cuadro simplemente porque no encuentro otra denominación, pero era mucho más. Colores y gotas de agua se entrelazaban con figuras geométricas complicadísimas y emitía sonidos similares al violín que llenaba la sala de armonía. Tenía tanta profundidad que quedé como hipnotizado viéndolo hasta que la madre de Alanis se me acercó y me preguntó si me gustaba. Le dije que era lo más espectacular que había visto, me sonrió complacida y me comunicó que lo había culminado hace poco después de muchos años asistiendo a la escuela de arte.

"Mi madre es una de las artistas más reconocidas de la ciudad, su creatividad es exquisita", afirmó Alanis con cara de orgullo.

El maestro entonces nos comunicó que debíamos volver al centro multiplanetario. Nos despedimos de los padres de Alanis, pero ella nos acompañaría de regreso en la nave.

Volvimos a despegar y apreciamos nuevamente la belleza de la ciudad, sabíamos que nos sería imposible narrar con palabras precisas tanta perfección. Definitivamente, lograr algún día un nivel de consciencia que nos permita algo así en el planeta Tierra sería increíble. Para eso los pensamientos y las emociones tendrían que cambiar radicalmente en la mayoría de los seres humanos, sólo así tendríamos un mundo astral armonioso que se reflejaría en un hermoso mundo físico.

Aterrizamos en el centro y Alanis le pidió al maestro que deseaba transmitirme unas palabras. Me llevó hacia una de las cosechas que habíamos visitado antes y me dijo: "Eres un Ser muy privilegiado al igual que tus amigos y tienes una tarea hermosa pero complicada, ya que tendrás que transmitir conocimientos que no todos quieren recibir. Desde que te conocí supe que nos habíamos conocido antes, tú no lo recuerdas pero fuimos esposos en una de las primeras etapas de la Tierra, durante la civilización de los Vedas. Aunque no lo creas, toda la belleza que has visto en mi planeta es solo un reflejo de lo que una vez fue tu planeta. En ese hermoso paraíso nos amamos y respetamos mucho, fuimos muy felices."

Comencé a llorar porque dentro de mí sentí una emoción de amor muy profundo por Alanis, nos abrazamos porque ambos comprendimos que en esta vida no estaríamos juntos. Le dije que intentaría volver en mi cuerpo astral, a lo que ella respondió que todo este proceso de enseñanza era una rareza y que el maestro lo había creado para ayudar a los Seres del planeta Tierra a crecer en consciencia, pero que no nos volveríamos a ver durante un tiempo. Cada quien tenía caminos y misiones separadas esta vez, pero ambos estábamos seguros de que en un futuro nos encontraríamos.

Volvimos lentamente junto a los demás, intentando alargar lo inevitable. El maestro nos colocó las manos en la cabeza uno a uno comenzando con Ana Emilia y finalizando conmigo, inmediatamente sentí una fuerza que me llevaba hacia mi cuerpo físico. Mi última mirada fue para Alanis, nunca la olvidaré.

De vuelta a la realidad física tuvimos que ir como siempre al colegio, que cada vez me resultaba más obsoleto e ilógico. Durante la mañana nos costó mucho prestar atención en clases, nos mirábamos con caras de inquietud, pues teníamos muchas ganas de salir al recreo a conversar. Aunque cada día se había convertido en una aventura para nuestras vidas, volver a recibir unas clases en donde la información que recibíamos de los maestros y los libros era totalmente diferente a lo que estábamos viviendo era, por decir lo menos, aburrido. Al menos nos contentaba saber que esa noche volveríamos al centro de aprendizaje para ir al planeta Marte, en donde nuevas sorpresas nos esperaban.

Hablamos de lo interesante y hermosa que es la vida en el mundo astral. Aquellos mundos que han logrado evolucionar hasta vibrar todos en armonía son admirables.

Pero ¿qué ha pasado con nuestro querido planeta Tierra?, ¿por cuánto tiempo más las personas vivirán cegadas a tantas posibilidades?, ¿cómo hacer que despierte la humanidad?, ¿cuándo dejaremos de usar nuestro cerebro para crear en amor y no en miedo? Nos hacíamos estas preguntas e intentábamos responderlas.

Quizás lo que está ocurriendo, y que se ha intensificado luego del 21 de diciembre de 2012 sea un drástico cambio de consciencia. Si la mayoría aceptara ciertas reglas generales de convivencia universal, otro sería nuestro presente y futuro. Hasta ahora habíamos aprendido varias leyes que parecían aplicarse a todos los seres que habitan esta galaxia. Aceptar la ley del karma o, como a mí me gusta llamarla, ley de la responsabilidad, cambiaría por completo la forma de actuar de las personas, y lo que siempre hemos escuchado de no hacerle a los demás lo que no nos gustaría que nos hicieran a nosotros, tendría total sentido. Junto a esta ley estaría el concepto de reencarnación, tan lógico para explicar millones de asuntos que dejamos en manos de Dios para no reflexionar mucho.

También aprendimos que el planeta Tierra es un Ser vivo, tan poderoso e inmenso que no lo parece. Con varios cuerpos sutiles igual que nosotros. Sus continentes son sus órganos y siente cada caricia nuestra. Tuvo un nacimiento, una madurez, murió con el fin de la era de hierro y está renaciendo en la actual era dorada. Seguramente continuará con su evolución de la misma forma cíclica que nosotros mismos. Que debemos cuidarle y regresarle todo lo que le quitamos. Que Dios está dentro de nosotros, y es allí donde podemos encontrarlo siempre. Con cada experiencia nos llenamos de esperanza, los tres sentimos que la vida en consciencia de otras dimensiones es más plena y divertida.

Camino a la casa, Rodrigo y yo nos detuvimos a observar el atardecer, ambos nos preguntamos cómo serían las puestas de sol en Venus. Me preguntó por Alanis, le conté lo que me había dicho y lo difícil que había sido para mí saber que esta vida no la compartiría junto a ella. Jamás me había sentido así por una chica; en realidad el fútbol siempre había sido mi pasión, pero ahora sabía que ella siempre estaría en mi corazón.

Me acosté a las 8:00 pm, recé a Dios Padre y Madre. Estoy dejando de rezar el Padre Nuestro de la forma como me lo enseñaron en el colegio, me gusta dirigirme a mi Dios de forma directa, como quien le habla a un amigo, estoy creando mi propia oración que reflejará todo lo que he aprendido hasta ahora. Le pedí que en su amor de Padre y Madre Universal se apiadara y tuviese compasión por la humanidad que vivía tan ciega a la realidad. Me imaginé cómo podía sentirse Dios viendo cómo sus hijos utilizan el ilimitado poder que les dio. Yo no tengo hijos, pero amo profundamente a mi hermana y si ella cometiese el mismo error todo el tiempo creo que me desesperaría e intentaría ayudarla por todos los medios. Quizá esto es lo que Dios hace, pero no nos interesa escucharlo. Sabemos que no estamos haciendo bien las cosas, basta con ver el estado actual del mundo. No existe un solo país en el cual sus habitantes estén plenamente felices, cada día hay más y peores enfermedades, hay violencia por todos lados, el agua está contaminada, no cabe la menor duda de que este no puede ser sino el camino de la destrucción, un suicidio colectivo. Tenemos que buscar una solución, una salida que funcione para todos. Claro que es más fácil pensar que Dios es un ser castigador y que por eso nos ocurren todos nuestros infortunios, que lo hemos ofendido y está vertiendo sobre nosotros toda su furia. Es muchísimo más difícil cambiar nuestros pensamientos y aceptar que los únicos responsables del estado caótico de nuestro mundo somos sus habitantes. Siempre hay una buena excusa para no pensar, quizás las verdaderas drogas son justamente las distracciones que evitan que reflexionemos acerca de nosotros mismos. Al final me relajé respirando profundamente mientras creaba alrededor de mi cuerpo el Merkaba con la estrella de cinco puntas.

En un instante me conecté en consciencia con el centro galáctico y encontré al maestro parado frente a mí. Junto a él se hallaba el joven Kalian y en seguida aparecieron Ana Emilia y Rodrigo quienes llegaron casi al mismo tiempo que yo.

Kalian llevaba puesta una larga túnica color azul y verde oscuro, que me recordaba a la ropa usada en los dibujos de los libros referidos a la civilización griega, y en los pies tenía puestas unas sandalias color dorado. Al tenerlo a mi lado comencé a escuchar a lo lejos el relajante sonido que hacen las olas al golpear la arena de la orilla.

Intenté buscar el lugar de donde provenía el sonido hasta que comprendí que salía de la túnica de Kalian, quien creó su vestimenta con ese sonido tan agradable, imagino que por su amor a la música.

Muy amablemente nos saludó y luego los cinco nos metimos en la pequeña nave rumbo al planeta Marte. Mientras nos encontrábamos volando, el maestro nos indicó que aterrizaríamos en el centro de aprendizaje de dicho planeta, que allí cada uno escogería un área del conocimiento y un maestro del saber nos guiaría a través de nuestra experiencia. Luego nos reuniríamos nuevamente y compartiríamos con los demás aquello que aprendimos.

Al acercarnos al planeta Marte comenzamos a ver inmensos bosques verdes de pinos enormes, también había largas extensiones de praderas de colores amarillos y anaranjados. Unos lagos azules y dorados separaban las praderas y los bosques de las ciudades. A diferencia de Venus en donde había toda una gama extraordinaria de colores por todos lados; en Marte los tonos predominantes en las casas y demás estructuras eran dorados, amarillos, anaranjados y rojos. Poco a poco aterrizamos en un enorme lugar con cinco edificios en forma de pirámides, cientos de personas entraban y salían de ellas.

Kalian comenzó a explicarnos lo que estábamos observando: "Todos los habitantes de mi planeta asisten a este centro de aprendizaje. La educación en mi planeta es libre y cada niño al alcanzar un nivel de consciencia adecuado decide, por su propia voluntad, ingresar en el área de aprendizaje que desea. El tiempo y la dedicación es totalmente personal, nadie es obligado a aprender ni rápido ni lento, pero como el nivel de consciencia de las personas que habitan el nivel astral de Marte es similar, todos sienten el placer de aprender. El libre albedrío le permite a cada ser decidir su ritmo de evolución.

Cada una de las cinco pirámides está dedicada a un área del saber y dicha área se encuentra dividida en varias secciones, cada persona puede pasarse una vida entera en una sola sección para perfeccionar un arte o un conocimiento espiritual o también puede desarrollarse en varias de ellas. En la de color azul ultravioleta se aprende acerca de las leyes universales del Absoluto, podría decirse que es nuestra filosofía de vida o quizás religión utilizando conceptos de la Tierra; en la turquesa se desarrolla e investiga todo lo relacionado con la naturaleza, se analizan todos sus aspectos y se desarrollan inventos capaces de mejorar la vida tanto astral como física; la de color naranja se dedica a los asuntos de la sociedad, las normas humanas para la convivencia pacífica, la resolución de conflictos entre los individuos y las formas de mejoramiento de la vida en común; en la verde esmeralda se enseña la historia desde la creación, tanto de nuestro planeta como de otros lugares muy remotos que incluyen a los seres humanos y a otras formas de vida animal, vegetal y mineral, e incluso de otros seres diferentes a la raza humana; y la de color dorado que es mi favorita, está dedicada a todas las formas de arte y creación universales.

Todos los inventos y avances científicos son almacenados en un museo dentro de la pirámide de color turquesa. Cualquier Ser, de este o de otro universo, puede beneficiarse de estos conocimientos visitando su interior ya sea a través de viajes en consciencia entre dimensiones, en sueños o en estados de meditación."

El maestro entonces nos comunicó que cada uno de nosotros escogería una de las pirámides para conocerla por dentro y luego compartiríamos entre nosotros lo aprendido. Rodrigo fue el primero en escoger y, sin sorpresas para mí que lo conozco desde siempre, eligió la pirámide turquesa. Le tocó el turno a Ana Emilia, quien decidió que le interesaba entrar en la pirámide de color dorado porque siempre ha sido amante del arte. Yo decidí que la pirámide azul ultravioleta me permitiría esclarecer algunas de las muchas dudas que rondaban mi cabeza.

Al avanzar hacia las pirámides, observé como los cinco edificios formaban un círculo y en su centro se erigía un enorme obelisco con varias fuentes de agua a su alrededor. Los colores eran espectaculares, brillantes y limpios como todo lo que hemos visto. Varios seres se nos quedaban mirando y se inclinaban con las manos cruzadas en el pecho en señal de saludo respetuoso.

Había niños, jóvenes y adultos de todas las edades y no solo de la raza amarilla que era la que predominaba allí, sino que había también seres de tez verde, azul, blanca, roja, negra y gris. No todos tenían la misma contextura, algunos eran muy altos y sobrepasaban los dos metros y otros, sobre todo los de la raza amarilla, eran más bien pequeños. Todos tenían las mismas características humanas normales de dos brazos, dos piernas y una cabeza con sus ojos, nariz, boca y orejas, pero cada parte del cuerpo era diferente en cada raza. Por ejemplo, los seres de la raza blanca y azul tenía los brazos y dedos de la mano muy largos; los seres de la raza verde eran del tipo robusto y alto con orejas que sobresalían un poco hacia los lados; los seres de la raza roja tenían el cabello muy largo, tanto hombres como mujeres; los seres de la raza negra eran bastante atléticos y fuertes, sus ojos eran más grandes y expresivos. Pero todos sin excepción nos saludaban con mucha amabilidad en sus rostros.

Al llegar al centro donde se encontraba el obelisco, un joven de raza amarilla igual que Kalian se nos acercó. El maestro entonces dijo: **"Les presento a Marcus, uno de los científicos más brillantes de este planeta, quien se ha ofrecido para guiar a Rodrigo en su paseo por la pirámide turquesa"**. Marcus se acercó a Rodrigo y le dijo: "Es un gran privilegio ser tu guía". Rodrigo le dio las gracias y ambos comenzaron a andar hacia la pirámide.

Kalian no podía ocultar su emoción de que Ana Emilia hubiese escogido la pirámide dorada, así que se apresuró a llevársela hacia allá. Yo me quedé junto al maestro y él me dijo que entraría junto a mí en la pirámide azul ultravioleta y allí nos encontraríamos con otro maestro espiritual.

Al acercarnos a la pirámide azul ultravioleta tenía tantas preguntas en la cabeza que no sabía cómo comenzar a formularlas y el maestro como leyéndome el pensamiento me dijo: **"Recuerda hacer las preguntas desde tu corazón. Aprende a escuchar primero y luego haces tus preguntas al final si lo necesitas."** Las paredes de la pirámide estaban recubiertas de formas geométricas dibujadas con piedras de color azul ultravioleta. Con solo acercarnos sentí mucha energía en todo el cuerpo, las manos se me pusieron calientes, entonces el maestro me indicó que esas piedras eran zafiros y que de ellas emanaba una gran fuerza.

Al entrar había una estancia circular, varios grupos de personas conversaban entre ellas, parecía el lugar de reunión. Alrededor de este sitio había varias columnas, que me recordaron mis clases de arte de Grecia y Roma, y muchísimas puertas en forma de arco por donde entraban y salían personas. Había algunas en las que entraban niños y niñas junto a algún maestro, vestido de color azul ultravioleta, aparentemente así se distinguían de los alumnos.

En todas las paredes había formas geométricas. Me acerqué a una de las paredes y observé una figura que sobresalía de la pared. Era una circunferencia, en su interior contenía esferas del mismo diámetro, superpuestas unas con otras y en cada una de ellas se observaban seis esferas. Cuando el maestro me dijo que a esa figura se la llamaba La Flor de la Vida, me pareció muy apropiado el nombre, parecía en verdad una flor muy compleja. **"Una de las áreas de esta pirámide está dedicada al estudio de la geometría sagrada"**, observó el maestro. Era la primera vez que escuchaba ese término así que le pedí al maestro que me explicase un poco de donde provenía esa geometría. El maestro continuó: **"Los conceptos que voy a explicarte son complejos, y a veces difíciles de entender con la mente, pero poco a poco en tu camino hacia Dios vas a ir integrándolos con la ayuda de un cerebro mucho más rápido que es tu corazón. Son tus sentimientos quienes primero van a comprender: En el principio de los tiempos, solo existía la Nada, el Absoluto No Cualificado. La Nada se movió a sí** misma, este movimiento generó una vibración que es el primer Sonido, conocido como OM (AUM). Luego este Sonido colisionó consigo mismo elevando su vibración y generando unos chispazos de Luz. Esta Luz chocó con las Paredes Cósmicas, que son la contención magnética de fuerza generada por la Nada. La Luz se reflectó dando forma a su velocidad, creando las primeras formas que son la base de la Geometría Sagrada. El Amor es el Magnetismo que mantiene todo en movimiento, unificándolo. Todas las dimensiones en su esencia están compuestas de estos tres elementos, sonido, luz y forma, diferenciándose por la velocidad de su vibración. Esta es la Pauta Divina, y todas las relaciones sutiles en los mundos del tiempo y del espacio son reflejo de ella. Esta es la base de la Santísima Trinidad, Padre-Madre, Hijo y Espíritu Santo; pensamiento, palabra y obra; mente, cuerpo y espíritu; súper consciente, consciente y sub consciente; pasado, presente y futuro. Todas las formas del universo se basan en la Geometría Sagrada, hay Seres que dedican

muchas de sus vidas a estudiarla y comprender su significado más profundo."

En ese momento, se nos acercó uno de los seres vestido con una larga túnica azul ultravioleta amarrada con un cinturón. Tenía el pelo negro largo amarrado en una cola, era de la raza amarilla y casi de mi tamaño, pero en su presencia me sentí como una hormiga ya que emanaba una energía y una luz que hizo que me inclinara a saludarle con respeto. Saludó al maestro Melquisedec con un gesto de confianza y cariño que denotaba una amistad previa. A mí me devolvió el saludo amablemente, indicándome que le siguiéramos hasta una estancia. Entramos por la puerta y aparecimos frente a un gran salón con estantes ocupados por miles de libros. Siempre me han fascinado los libros, y ver aquello me dejó perplejo. Animado por mi maestro, me acerqué a revisar las filas de libros. Caminaba por los pasillos y me elevaba cuando quería ver las filas de arriba. Al final de cada fila habían unos cubículos, entré en uno de ellos y vi que tenía cinco sillones reclinables en forma de círculo y en el medio un lugar para colocar una esfera. El maestro me explicó que cada libro tiene una esfera con toda la información y quienes lo deseen pueden colocar dicha esfera en el medio de la sala y ésta aparecería en forma de holograma. Reclinados en los sillones las personas pueden ver como en una película, lo narrado en el libro.

Caminé hacia una parte diferente de la biblioteca donde había varios libros enormes con muchísimos símbolos grabados en ellos. Algunos parecían muy antiguos. Me recordé del libro de la Puerta Dorada. Uno en especial me llamó la atención, se llamaba "*Co-Creación*". Cuando me disponía a agarrarlo, el maestro me dijo: **"Ese libro es muy importante para esta galaxia y es de vital conocimiento para quienes desean comprender el actual cambio de era del planeta Tierra, pero todavía no es tiempo de que lo leas. Todo en su momento"**. Me quedé con muchas ganas de ojearlo, pero ambos me indicaron que les siguiera.

Continuamos hacia otra de las salas en la cual había muchísimas personas esperando una presentación, parecía un auditorio y al entrar junto al maestro todos voltearon a vernos e hicieron una reverencia. El maestro nos indicó que nos colocásemos en la primera fila mientras él subió al podio y comenzó a hablar. "Me presentaré para nuestro amigo terrestre. Mi nombre es Shanid y hoy hablaré especialmente de temas que le interesan a Nacho, quien está en el camino de la búsqueda de la verdad." Me sentí muy privilegiado de poder estar rodeado de tantos maestros que se tomaban el tiempo de compartir parte de su sabiduría conmigo.

"Comenzaré por aclararte que en este y en otros planetas el concepto de religión, tal y como ustedes lo entienden, no existe. La verdadera religión es la experiencia de la divinidad en la consciencia de todos los seres en evolución. La Fe es el método que utiliza la religión para lograr que un ser moral, en evolución, alcance la realización de las realidades eternas a un a nivel físico. Una partícula de la Deidad Creadora existe en el espíritu de cada uno de los Seres Humanos. La conexión con la Suprema Deidad es directa, sin intermediarios, y no puede ser explicada con palabras por quienes viven totalmente alineados con su Espíritu, es decir, con el Supremo Amor del Padre. Nuestro Creador es Perfecto, y toda Su Creación también lo es, incluyendo por supuesto a los seres humanos. Aquellos dogmas religiosos canalizados por algún ser humano, supuestamente enviado por la Suprema Deidad, que impliquen por ejemplo: la supremacía de un pueblo sobre otro; la necesidad de convertir por la fuerza a otros en nombre de Dios; rituales específicos para lograr la salvación; sacrificios de cualquier tipo; una lista de pecados y de límites; la afirmación de que el paraíso está en el cielo; que Dios se ofende con alguna actitud o pensamiento, son simplemente fabricaciones mentales de unos seres en su afán de distraer al ser humano de su primordial propósito: ser feliz co-creando junto a la Suprema Deidad.

¿Por qué Dios crearía al ser humano con libre albedrío para posteriormente castigarle por utilizarlo? Las religiones de tu planeta realmente han hecho un diligente trabajo mostrando a Dios como un ser al cual debe obedecerse, que se ofende por alguna actitud, y que además sus primeros hijos cometieron una gravísima falta convirtiendo a la Humanidad entera en pecadora. Si todo lo que es y lo que no es forma parte de Dios, entonces lo único que podemos seguir haciendo es experimentarnos en aquello que somos y en lo que no somos hasta volver a la Primera Fuente, luego todo comenzará nuevamente, en una eterna creación-destrucción.

Han existido muchos Seres Humanos iluminados, es decir, seres que comprendían esa conexión directa porque la realizaron en vida. Sus enseñanzas se basan en el Amor a Dios y al prójimo, pero muchas de ellas fueron manipuladas por sus seguidores, quienes al final lo que buscaban era el poder y el control.

Dejar en manos de otros el razonamiento acerca de las cuestiones más fundamentales de la vida y pensar que así estamos haciendo la voluntad de Dios, es no utilizar la libertad que justamente Él nos otorgó. Somos nuestros pensamientos porque creamos nuestra realidad a partir de ellos, pero si dejamos que otros piensen por nosotros, eso es equivalente a estar en un profundo sueño.

Luego de la partida de Cristo, surgió una nueva idea basada en las enseñanzas de amor a Dios el Padre por sobre todas las cosas, de bondad y de compasión por nuestros semejantes. Sus primeros seguidores comprendieron claramente que la conexión es directa e individual con Dios. Todo aquel que tenga Fe y desee hacer Su Voluntad de todo corazón lo encontrará dentro de sí mismo. No existe ritual, ni monumento, ni iglesia, ni ley humana que pueda reemplazar el encuentro íntimo entre el Padre Universal y sus hijos. Pero debes comprender que para Dios no existe el camino correcto o el equivocado, ya que Él nunca juzga. Somos nosotros quienes decidimos experimentar las diferentes energías del universo, unos en la materia densa y otros en reinos más sutiles, cada quien marca su ritmo, sin apuros y sin pautas a seguir. La experiencia nos va mostrando nuestro camino. Al crecer en consciencia espiritual logramos ser felices, sin que nada ni nadie afecte dicha felicidad.

En este, así como en otros planetas de este sistema solar, hemos desarrollado varias leyes espirituales que en su conjunto conforman una forma de vida. No son exactamente una religión, no existen rituales estrictos, ni normas de cómo rezar o pensar en Dios, tampoco hay seres que detentan grados de jerarquía alguna por el simple hecho de ejercer un poder. Existen maestros espirituales que se dedican a ayudar en la expansión de consciencia a quienes lo deseen pero se han ganado ese título mediante la experiencia y el acercamiento a la Suprema Deidad. Son reconocibles simplemente porque su Ser interior resplandece de amor. El conocimiento de las leyes es accesible a todos por igual, y a todos se les aplican dado que son justamente universales.

Muchas de estas leyes las has ido estudiando con tus amigos gracias a las enseñanzas de tu maestro actual. Recuerda que la Madre Creadora es, por encima de cualquier otra cosa, Amor. No castiga a los seres por sus errores, cada quien es responsable hacia sí mismo. No recibimos una sanción por nuestros actos contrarios a Su Voluntad, simplemente se nos aplica la ley universal de causa y efecto. La justicia divina si existe, pero al lado de una misericordia infinita que le permite a todos los seres rectificar en su camino para volverse hacia la Primera Fuente.

La humanidad terrestre está pasando por momentos difíciles y necesita de mucha luz para alcanzar la paz espiritual que tanto necesita. Todos estamos pendientes de la evolución de la humanidad en la Tierra, allí se termina de librar una lucha que se inicio en los cielos. Hemos ido comprendiendo que los conceptos del bien y del mal son relativos a quien los percibe, y que más importante que señalar lo que está mal, es centrarse en el Amor de la Suprema Deidad para no juzgarnos ni a nosotros ni a los demás. Ahora puedes hacerme alguna pregunta, en relación al tema que prefieras." Impresionado por sus palabras y todavía asombrado de su conocimiento acerca de la religión en la Tierra, le pedí que me hablase de algunas de estas leyes universales.

"Debido a que tienes consciencia de tu cuerpo astral, entenderás mejor una de las leyes fundamentales para comprender la estructura del universo: "Todo es mente". Has comprobado por ti mismo que tu consciencia es capaz de enfocarse en la realidad física, apareciendo ésta como lo único real hasta que dirige su mirada hacia otras dimensiones. A través de tus sentidos percibes un mundo astral tan real como el físico. Pero ambos son mentales, forman parte del Todo que es Mental. Sabes que lo que diferencia lo material de lo espiritual es el grado de vibración. Otra de las leyes que te será familiar es que Todo se mueve. Todo vibra, nada está inmóvil. La vibración de los átomos en el estado físico es más lenta, en cambio la vibración en el plano astral es más rápida. Uniendo la ley mental anterior a este principio vibratorio vemos como debido al alto grado vibratorio del mundo astral, los pensamientos y emociones se manifiestan de forma inmediata modificando el entorno. En el mundo físico también los pensamientos y las emociones crean toda la realidad, pero debido a su lenta vibración este proceso no parece inmediato. Se puede modificar la realidad comprendiendo este principio vibratorio. Los planos superiores del espíritu tienen una mayor intensidad vibratoria, y los cambios se suceden de una manera tan rápida que los conceptos de tiempo y de espacio carecen de significado.

Uno de los principios más fáciles de comprender, pero más difíciles de integrar, es el de la polaridad. Fuera del Absoluto No Cualificado, todo es relativo, todo tiene su opuesto, todo tiene dos polos. Los opuestos son idénticos en naturaleza pero diferentes en grado. El Ser se balancea entre los dos polos durante muchas existencias hasta que comprende que son una misma cosa. El bien y el mal, el amor y el odio no son sino grados de lo mismo, por lo tanto se puede trasmutar el odio en amor o el mal en el bien cambiando las vibraciones mentales propias o las de los demás. También en la medida en que la consciencia avanza en grado vibratorio, el Ser evita ser afectado por la ley del ritmo que define que todo tiene una oscilación pendular que va primero hacia un polo y luego hacia el otro. Poco a poco se aprende a balancear las energías de nuestros pensamientos o emociones evitando los excesos. Todo este proceso es cíclico, ocurre en forma de espiral.

No existe una fórmula mágica para lograr el equilibrio, se experimenta vida tras vida.

Cada vez que te enfrentas a un hecho puedes elegir como lo enfocas, en qué parte del hecho vas a poner tu atención. Quizás no puedes cambiar el acontecimiento en sí mismo, pero si puedes decidir cómo relacionarte con este. Aprender a trasmutar lo peor de algún escenario astral o mental para que no se materialice en la vida física es un altísimo aprendizaje evolutivo. El camino de quien decide vivir en la luz juzgando a los malvados es tan errado como aquel que odia a los seres de luz porque tiene miedo de perder su poder. Al integrar la luz y la oscuridad propias, eligiendo el camino del Amor en la Voluntad de Dios nos llevará a estar mental y emocionalmente por encima del sistema de los opuestos. Si odias a los malos, estás en la misma vibración densa que ellos, lo que odias está en ti mismo, lo que haces es exacerbar ese mal enfocando tu atención en él. El arte de un maestro es la transmutación.

El último principio al cual haré referencia es el de causa y efecto, mejor conocido como ley del karma. Toda acción, pensamiento o emoción tiene una consecuencia, y todo lo que ocurre tuvo una acción que lo provocó. No existen los accidentes, no existe la suerte, no existe la casualidad. Todo lo que siembres dará sus frutos, tarde o temprano. Dios no castiga, recibimos lo que nosotros creamos gracias a decisiones propias basadas en el miedo o en el amor. Nada es arbitrario, todo ocurre bajo la ley universal.

En la existencia física, al no recordar de dónde venimos, tendemos a pensar que fuimos castigados a vivir en la tercera dimensión mientras los ángeles viven en el cielo. Algunas religiones justamente han procurado un desinterés por el cuerpo físico, pero esto es un error. El vehículo físico es la materialización de la luz en los mundos densos, es la base de todas las demás dimensiones. El Ser de la tercera dimensión es un creador de materia, es decir, de luz compactada. Al vivir la experiencia física y sentir emociones de todas las gamas posibles, el Ser aprende de todos los opuestos y del proceso de creación de la realidad. Arriba es como abajo, adentro es como afuera, y así vamos viviendo todo lo creado, al darnos cuenta de que llevamos por dentro aquello que reflejamos afuera, sabemos que modificando nuestro interior cambiamos la realidad física. Nos convertimos entonces en creadores conscientes."

Estaba muy concentrado escuchando al maestro Shanid, pero apenas terminó de hablar, todos giraron sus cabezas hacia un Ser que se encontraba sentado al final de la sala quien solicitó permiso para acercarse. El maestro Shanid y todos los presentes inclinaron sus cabezas en señal de asentimiento y respeto mientras se deslizaba como suspendido del piso hasta colocarse frente a mí.

Este Ser me produjo una vibración muy intensa en todo el cuerpo y no deje de sentirla hasta que salimos de la pirámide. A diferencia de la mayoría de los habitantes de Marte, tenía el pelo negro corto, la piel muy clara y unos ojos azul verdoso como nunca los había visto. Era más bien joven, si tuviese que ponerle una edad terrestre sería de unos 35 años. Su túnica no era de maestro, era de color verde esmeralda con pequeños brillantes dorados.

"Querido Nacho, mi nombre es Akenatón, y con el permiso de los maestros aquí presentes me gustaría mostrarte algo." Entonces Shanid, mi maestro MelquisedeK y otros maestros presentes hicieron un gesto de complacencia con las manos y Akenatón comenzó su presentación proyectando con su mente una hermosa escena en el medio del auditorio. Podría comparar lo que ocurrió con una película de tecnología en 3D, pero era mucho mejor que eso, más bien uno se encontraba no sólo viendo, sino sintiendo lo que ocurría.

Esto fue lo que presencié: había dos jóvenes recostados del tronco de un hermoso árbol. Estaban tomados de las manos contemplando todo a su alrededor en un estado de completa paz. Había ardillas, conejos, pájaros, venados, flores por doquier, realmente era un bosque hermoso, como sacado de un cuento de hadas. El joven comenzó a hablar: "Amada Naisha, deseo de todo corazón crear un paraíso de amor que dure para siempre, allí viviremos felices junto a nuestros hijos e hijas." Naisha le respondió mirándolo a los ojos con inmensa ternura: "Aryam, eres el amor de mi vida y te ayudaré a co-crear ese gran paraíso." Lentamente se incorporaron, se colocaron uno frente al otro, tomados de las manos y mirándose a los ojos. Justo en medio de la pareja, por encima de sus cabezas, comencé a ver otra proyección. Poco a poco, tal cual se vería la mente de un arquitecto, un paisajista y un pintor trabajando juntos, se fue formando el futuro hogar de estos enamorados jóvenes.

Lo primero que apareció en la imagen fueron hileras de árboles delimitando el perímetro de alrededor del terreno, cedros, caobas, robles, apamates y pinos formaban un área de aproximadamente una hectárea. Por un lado del terreno pasaba un riachuelo que cruzaba hacía un terreno contiguo. Una casa construida con madera y piedra fue apareciendo y rápidamente le crecieron en las paredes enredaderas con bellísimas flores. Un oso les ayudaba a abrir un hueco en la tierra para construir un pozo de piedra que les serviría para sacar agua. También formaron un establo con caballos, vacas, cabras, gallinas, patos, ovejas y otros animales domésticos. Todo alrededor de la casa era un hermoso jardín con cientos de frutas, flores y vegetales. A veces colocaban un árbol frutal en un lugar, y luego decidían cambiarlo para otro sitio. Así, poco a poco, cual película de alta velocidad, fueron imaginando todo lo que sería su futuro hogar. De pronto, ya cuando parecía que el paisaje estaba listo, los jóvenes comenzaron a reír, dos niños y una niña aparecieron en la escena. La niña era la más pequeña y era ayudada por sus hermanos a recolectar miel de un enorme panal de abejas, me asombró que no tuviesen miedo de acercarse a las abejas. Unos perros correteaban con los niños y se escuchaban puras risas. La escena completa fue desapareciendo del auditorio.

"¿En cuál lugar del universo imaginas que ocurre esta escena?", me preguntó Akenatón. Le respondí que no sabía exactamente en qué planeta era pero que probablemente era en el universo astral. Entonces con mucha paciencia y ternura me dijo lo siguiente: "Has presenciado el primer esbozo de la creación de un espacio de amor, por dos seres humanos del planeta Tierra en la tercera dimensión." Lo miré perplejo y le dije: "Me encantaría que así fuese el futuro de la Tierra, pero eso que visualicé no es algo haya ocurrido antes en mi planeta."

Entonces con calma continuó: "Me alegra mucho decirte que así comenzaron a formarse las familias y sus hogares durante millones de años en la Tierra. Dos jóvenes enamorados, con la energía más poderosa del universo, imaginaban cada pequeño detalle de su futuro hogar durante varios años. Al final se unían en matrimonio bajo la mirada complacida de la Suprema Deidad y convivían toda su vida en estos jardines autosustentables. La creación de la Mente Suprema ha sido siempre perfecta, la naturaleza es la cuna en donde Ella cuida de sus hijos. Sus pensamientos son los árboles, animales y demás creaciones, que en una total armonía fueron creados para estar al servicio del Ser Humano. Al estar en permanente contacto con la naturaleza, la velocidad de la mente de estos primeros humanos era muy superior a la actual debido a que se mantenían alimentándose del sueño de la Madre Creadora. La teletransportación, la proyección de imágenes en hologramas y la telepatía fueron sustituidas por creaciones humanas totalmente imperfectas como vehículos, películas y teléfonos.

El Ser Humano contiene en sí mismo todas las energías del universo y debe aprender a equilibrarlas en la dimensión de luz más compactada, para así poder crear vida en otros planetas. El aprendizaje de los Seres Humanos en la tercera dimensión es la base para la creación en todas las dimensiones, por eso es fundamental. En este proceso se han cometido muchos errores que han tenido como consecuencia la destrucción del planeta en cientos de ocasiones. Sin embargo, esto forma parte del Perfecto Plan, ya que al fin y al cabo, todos somos parte de Él, y es a través de todos los seres que existen en el universo que la Madre Creadora experimenta su Sueño Creador. Algunos dioses han intentado imitarla, también han tentado al ser humano buscando demostrar que es imperfecto, y que por ende Ella tampoco lo es. Por lo tanto al final del camino siempre está la Fuente Primera de todas las cosas, lo que cambia es la forma como llegarle, y eso solo lo determina cada ser humano haciendo uso de su libre albedrío.

Tal y como lo afirmaste, así será el futuro del planeta Tierra, porque así fue su pasado. Todo ha sido una larga pero deseada experiencia, es hora de que el Ser Humano despierte y comprenda su papel de co-creador, una sola imagen mental pura es capaz de crear universos enteros, porque el Ser Humano lleva en su espíritu una partícula de la Suprema Deidad."

Me vino a la mente la tía Eugenia, al lado de su hermoso jardín y siempre respetada y amada por el tío Javier. En verdad que ellos estaban más cerca de la felicidad que cualquier millonario famoso. Me hubiese podido quedar escuchando a los maestros Akenatón y Shanid toda la vida, pero luego de recibir sus profundas enseñanzas, el maestro Melquisedek me indicó que ya era tiempo de encontrarnos con Ana Emilia y Rodrigo para escuchar sus experiencias.

Antes de salir de la pirámide azul ultravioleta, le recé a Dios con todas mis fuerzas para que un día pudiese volver a adentrarme en ella. Nos despedimos de los maestros y de los demás seres que nos acompañaron, le mostré mi agradecimiento con una larga reverencia y una sonrisa sincera.

Caminamos hacia el obelisco ubicado en el centro de las cinco pirámides. Al acercarnos noté que éste tenía inscrito en sus paredes líneas que parecían formar palabras. El maestro me explicó que el obelisco estaba recubierto por palabras que describían a Dios bajos los miles de conceptos descubiertos en este universo y frases que describen algunas de sus infinitas características. En cierta parte están escritas palabras que se traducirían como el Todopoderoso, la Santísima Trinidad, el Ser Supremo, el Padre Universal, la Madre Universal, el Espíritu Santo, el Cristo y otras con las que no estás familiarizado como el Absoluto Universal, la Primera Fuente, Dios El Séptuple, el Absoluto No Cualificado, el Infinito de Posibilidades, la Suprema Deidad, la Nada, el

Todo, el Primer Creador, la Vida y muchas otras formas con las cuales los seres en evolución han intentado nombrarle.

Contemplé extasiado el obelisco hasta que Ana Emilia y Rodrigo aparecieron detrás de mí y me tocaron el hombro. Estaba tan ansioso por conocer sus experiencias como ellos la mía, así que decidimos sentarnos en unos asientos circulares en forma de pétalos, cerca del obelisco. Además de Kalian, Marcus, el maestro y nosotros tres, varios Seres se nos acercaron en silencio para escuchar lo que teníamos que contar.

Yo fui el primero en hablar acerca de todas las enseñanzas que había recibido en la pirámide azul ultravioleta. Como si volviera a vivirlo nuevamente les conté todos los detalles de mi experiencia. Yo mismo me asombré de la memoria perfecta que tenía en ese momento, pero el maestro nos aclaró que la memoria astral era fotográfica y que podríamos recordar todo como viéndolo en una película.

Luego comenzó a hablar Ana Emilia: "Kalian y yo visitamos la hermosa pirámide dorada que está dedicada a todas las formas de arte, por lo tanto, estoy segura de que tendría que dedicar cientos de vidas para recorrer y aprender de todas sus áreas. El exterior de la pirámide está recubierto por puntos de luz dorada que forman estrellas. Encima de la entrada hay un enorme diamante que actúa como prisma y emana inimaginables colores hacia toda la estancia. En el centro, las personas pueden sentarse a conversar y a admirar las paredes, los pisos y el techo. Todo tiene una obra de arte, en cada rincón hubiese podido pasar horas contemplando una pintura o una escultura. Además de todo este regalo al sentido de la vista, se escuchan melodías que me hicieron vibrar de emoción durante todo el recorrido, no podría describirlas mejor ya que no tienen comparación con nada de lo que he escuchado en la Tierra, lo más cercano serían las piezas clásicas de grandes compositores. También se escuchaban voces de himnos y cantos en diferentes tonos de voz, pero siempre muy agradables.

Hicimos un recorrido por varias de las áreas a las cuales se ingresaba por unos velos de colores y luz que hacían de puertas. Primero entramos en el área dedicada a la pintura. Me impresionó mucho que la mayoría de las personas estaban realmente pintando con pintura y con pinceles, yo imaginaba que crearían todo con su mente, dado que estaban en el mundo astral", pero en realidad Kalian le explicó lo siguiente a Ana Emilia: "Una gran parte de la existencia astral se dedica a sentir el placer de aprender una habilidad, tanto artística como científica o filosófica. Aun pudiendo leer un libro con sólo conectarse al holograma mental de su autor, también existe la alternativa de sostener y pasar las páginas poco a poco disfrutando de la lectura. El proceso de crear es uno de los actos más complejos, ya que requiere del dominio de la mente y de las emociones para lograr un resultado perfecto. Para crear con la mente un cuadro que refleje no sólo colores, sino emociones y que además emita melodías acordes al tema se necesita conocer todo el proceso de creación manual del mismo. Así la mente puede juntar todos los pasos, escogiendo las texturas, medidas, colores y líneas apropiados para crear una verdadera obra de arte. Quienes logran hacerlo es porque han pasado mucho tiempo en áreas diversas de la pirámide dorada."

Recordé el cuadro que había en la casa de los padres de Alanis, en Venus, e imaginé que su madre había pasado gran parte de su vida en un lugar parecido al que nos describía Ana Emilia.

Yo observaba cómo las personas utilizaban su mente para crear los colores y las texturas que quisieran, pero luego se ponían realmente manos a la obra, ya que utilizaban sus manos para ir aprendiendo manualmente. Me emocionó mucho ver a niños y niñas jugando con colores y haciendo lo que cualquier jovencito en la Tierra haría. Ponían colores en las paredes, en el piso, los mezclaban y los tocaban, se notaba que al comienzo de la vida también a los niños les gusta jugar y poco a poco comienzan a aprender las reglas básicas para hacer obras de arte más concretas.

Kalian me dijo: "Los niños deben aprender a disciplinar la mente para que al momento de crear un pensamiento lo materializado sea apropiado. Hay un proceso de madurez en la mente y en las emociones, los padres y todos los adultos de Marte ayudan a los niños en su crecimiento para que logren controlar sus pensamientos y así desarrollarse en el área que ellos escojan. Una obra de arte no solo es percibida por el sentido de la vista, es posible crear un cuadro que refleje emociones, que emita música y que emane aromas. Todo esto debe encontrarse en armonía, y para lograrlo se requiere una especialización en cada sentido."

Me situé frente a una mujer que estaba pintando un unicornio azul. Se ve que tenía mucho tiempo pintando ya que el animal parecía real y todas las flores, las plantas, el río y el cielo emanaban tanta paz que me quedé como hipnotizada, hasta que Kalian me tomó del brazo para llevarme al área de arquitectura.

Al entrar no pude enfocar bien la vista en ningún sitio porque había cientos de estructuras extrañas en todos los rincones. Igual que en el área de pintura, había algunos seres que proyectaban en el aire estructuras mentales como si fuese la pantalla de una computadora. Se les veía muy concentrados en su creación, le hacían cambios, la aumentaban de tamaño, le incluían personas habitándola o árboles creciendo alrededor, era como hacer una gran maqueta mental pero de alcances únicamente limitados a la capacidad creativa de su creador. Como eran hologramas mentales proyectados exteriormente todos podían observar lo que otros hacían, no existía competencia, unos podían copiar lo de los demás y desarrollarlo de otra forma. En otros lugares había seres trabajando con innumerables materiales, tanto manual como mentalmente los mezclaban o los juntaban para observar el resultado.

Kalian me dijo que para que mi mente pudiese asimilar mejor todo lo aprendido, iríamos directamente al área de la música, sin detenernos en otras áreas como escultura, geometría sagrada o creación holográfica. Al irnos acercando, pude observar la sección dedicada a la danza que se encontraba justo al lado de la de la música. Mi cuerpo sentía la necesidad de elevarse del piso y de hacer movimientos acompañando la música que percibían mis oídos. Cuando entramos me impactó que de los instrumentos salían, además de música, colores y formas geométricas: "Cada nota musical crea un color y una forma. Un concierto se percibe como una armoniosa mezcla de colores, formas y sonidos que transcienden al espacio e impactan en el Ser. Toda la música así creada, transforma y aumenta el nivel vibratorio de quien la escucha. Por eso he decidido dedicarme en esta vida al aprendizaje del sonido. No sólo he aprendido a tocar muchos instrumentos, sino que también estoy comprendiendo cómo la música ejerce cambios importantes tanto a nivel astral como a nivel físico. Mis maestros me han enseñado como el sonido de la música afecta de manera directa las moléculas de agua haciendo que formen cristales hermosos o grotescos dependiendo del tipo de música. Debido a que el cuerpo es en su mayor porcentaje agua, esto se refleja en emociones que determinarán comportamientos de paz o de violencia. Por lo tanto, no solo consiste en tocar un instrumento, sino en comprender el efecto que la música produce en las emociones humanas en todos los niveles. Todo acerca del sonido y de sus efectos lo comencé a aprender en la Tierra cuando formaba parte de una civilización muy anterior a la Atlántida, en la cual se usaba el sonido tanto para sanar nuestros cuerpos como para producir movimiento en la materia física. Éramos capaces de levantar enormes rocas por medio de la fuerza del sonido. Podíamos comunicarnos mentalmente entonando un pensamiento en ciertas frecuencias, y nuestra lengua era extremadamente rica ya que utilizábamos graduaciones en el timbre, la frecuencia y las pausas que nos permitían trasmitir mucho más que palabras. Pero ahora es momento de seguir nuestro camino", comentó Kalian.

Me parecía inverosímil que hubiese habido en la Tierra una civilización con estas características inclusive antes de la Atlántida. Dentro de mí lo que más deseaba era quedarme escuchando más acerca de ella. Antes de llegar al final de nuestro paseo, alcé la vista hacia el área de danza. Debido a que no existen las limitaciones de gravedad de la Tierra, los movimientos eran exquisitamente realizados ya fuera volando o en el piso. Había hombres, mujeres, niños y niñas haciendo bailes individuales acompañados de música de diferentes ritmos pero toda muy armoniosa. Kalian me dijo que estaban separados por unos velos imperceptibles que les permitían escuchar individualmente las distintas melodías. Yo podía decidir cual escuchar con sólo prestar atención a la danza que quisiera. También había parejas bailando y lo hacían espectacularmente, creando movimientos que los fusionaran en amor y paz. Me hubiese encantado poder entrar.

Justo antes de salir de la pirámide, había una puerta con extraños símbolos, me acerqué a observarlos de cerca. Kalian expresó que era geometría sagrada y que esa área de la pirámide estaba dedicada a las artes del manejo consciente del poder de la energía, puse cara de extrañeza por ese nombre tan raro y me dijo: "Creo que en la Tierra las llaman artes marciales, pero en realidad ese nombre no sería adecuado aquí, y esa descripción que te doy es lo más cercano que se me ocurre, los símbolos son justamente representaciones de distintos tipos de energía.

Quizás esta sea el área más compleja de toda la pirámide, y una de las de mayor utilidad para quienes tienen un cuerpo físico. Muchos maestros han dedicado sus vidas a experimentar las diferentes energías del universo y a comprender sus funciones. Debido al poder que se maneja en esta área, solo acceden aquellos que han pasado por todas las demás áreas de cada una de las pirámides. Transmitir estos conocimientos es una gran responsabilidad, algunos maestros han reencarnado en la Tierra y han podido ayudar a muchos seres humanos".

Finalmente Rodrigo tomó la palabra y narró su experiencia: "He quedado muy impactado por todo lo que he escuchado y por todo lo que he experimentado. Cuando Marcus y yo nos acercamos a la pirámide turquesa, pensé que su superficie estaría cubierta por algún mineral especial, y en efecto sus paredes son de topacio azul y cae una cascada permanente de agua que le da ese color azul turquesa tan imponente.

Entramos y fue como internarme en la selva más intrincada de la Tierra. Había plantas, flores, árboles e insectos de todas las formas y colores inimaginables, y para mayor realismo se escuchaban sonidos y se percibían olores probablemente similares a los del Amazonas. Nos adentramos en aquella selva y bajo un túnel de flores llegamos al área dedicada a la investigación de todas las especies animales, tanto físicas como astrales descubiertas en el universo. Insectos rarísimos, peces de todas las formas y colores, caracoles, dinosaurios, mamuts, unicornios, tigres, gacelas y muchos animales que parecían mezclas de otros, o que simplemente se habían adaptado a condiciones de vida totalmente diferentes a las de la Tierra, eran analizados e investigados en este conservatorio universal de especies animales.

Había también imágenes de seres humanos, humanoides y extrañísimos seres de diferentes sistemas solares, galaxias y universos. Me acerqué a observar de cerca. Unos eran parecidos a los humanos pero de diferentes colores de piel. Había seres verdes, rojos, azules, blancos, grises, negros, amarillos, las orejas grandes o pequeñas, de ojos enormes o diminutos. Algunas cabezas eran enormes comparadas con el cuerpo. La longitud de sus extremidades también variaba, en general tenían dos brazos y dos piernas, aunque algunos tenían colas. Unos seres parecían reptiles con piel de escamas y ojos amarillos o rojos, otros parecían centauros de enormes proporciones con formas de cara y cuerpo de caballos, otros muy grandes tenían un parecido a los osos. Algunos parecían seres marinos como las sirenas y los tritones. Había seres que eran similares a delfines y ballenas que no eran considerados animales como nosotros los hacemos, sino seres de un altísimo nivel evolutivo, según me explicaba Marcus. Al lado de cada ser había un sistema solar representando el planeta donde estaban ubicados. Era como ver una película de la Guerra de las Galaxias.

Igualmente, visitamos un área dedicada a todas las especies vegetales, había pues todo lo imaginado en formas, colores y olores de plantas. Allí se investigaban los efectos curativos de las plantas, sus nutrientes, las posibles formas de alimento para el ser humano, y todo lo que pudiese aportar al mejoramiento de la vida tanto en el planeta Tierra como en cualquier otro planeta. Había un lugar especial para todas las especies de árboles denominados Cedros, se explicaban los poderes curativos de todas sus partes y, además, su aporte como acumuladores de luz y energía.

Otra área estaba dedicada a la investigación y parecía más un laboratorio terrestre que incluía todos los recursos posibles. Se analizaban todas las propiedades químicas, físicas y biológicas de minerales, plantas y animales. Intentaban desarrollar formas de creación de energía libre que pudieran trasladarse eventualmente a la parte física de un planeta para mejorar las condiciones de vida del mismo. No llegué a verlas, pero Marcus me dijo que en un área trabajaban cultivando las paredes de las naves espaciales. De esta forma, creaban medios de transporte orgánicos para uso tanto en el astral como en el físico, siempre utilizando la generación libre de energía disponible a lo largo y ancho de todo el universo.

Finalmente, llegamos a la última área que visitamos, Marcus me explicó que aunque el cerebro astral no se cansaba, sí necesitaba una pausa para procesar la información recibida la cual era suficiente por los momentos. Acepté que tenía razón y, que con lo que había visto, tenía para muchos momentos de reflexión y meditación en la Tierra. Lo que nunca imaginé es lo que a continuación les narraré.

Entramos en el área dedicada al estudio del agua. Fue como entrar en un lugar de lluvia, evaporación y condensación perpetuas. Pero como en el mundo astral el agua no moja, ni tampoco es fría o caliente, fue una sensación muy agradable dejar que la lluvia me cayera encima, con su relajante sonido. Había cientos de científicos analizando el agua. Uno de ellos, vestido con una túnica blanca, se nos acercó y comenzó a explicarnos: "El agua es el elemento más importante para la vida física, es el único elemento que existe en los tres estados de la materia: líquido, sólido y gaseoso, sin alterar su composición química. Pero lo más importante es la estructura del agua, es decir, cómo se unen las moléculas.

Debido a que el agua tiene memoria, cambia la estructura de sus moléculas bajo la influencia de pensamientos o emociones tanto positivas como negativas. La energía del agua que se ingiere también afecta la salud del cuerpo humano. Un agua cargada de energía y con una estructura de amor es capaz de curar y regenerar todos los órganos internos, mientras que un agua cargada de violencia y odio afecta el cerebro humano y provoca actitudes agresivas. Cada vez que un ser humano toma un vaso de agua, puede cambiarle su estructura molecular enviando amor y agradecimiento a este milagroso líquido. Los cambios en la humanidad se verán reflejados en el agua antes que en cualquier otra cosa. El cuerpo humano es en su mayor porcentaje agua, por lo tanto, cada emoción y cada pensamiento modifican las estructuras moleculares de su sangre y por ende de todos sus órganos determinando la salud general.

La mejor agua que puede tomarse es aquella que viene directamente de un manantial, un lago o un río de aguas cristalinas. El agua en un estado totalmente puro o virginal existe en la Tierra, en Venezuela, en un sitio llamado Roraima, por eso su energía es inmensa. En cambio, el agua que llega a las ciudades, luego de pasar por miles de tuberías, está completamente muerta. En este laboratorio hacemos experimentos para ayudar a los seres humanos físicos a mejorar sus vidas, no sólo aprendiendo como el agua estructurada en amor modifica sus cuerpos, sino también como hace crecer los cultivos con una menor cantidad de este preciado líquido." Procedió a mostrarme varios experimentos en los cuales se colocaba agua en recipientes y se les transmitían emociones de todos los tipos observando luego la formación de estructuras moleculares diversas en forma de cristales. Las emociones positivas siempre creaban cristales hermosos y armoniosos, en cambio las negativas mostraban cristales distorsionados. En verdad nunca imaginé que el agua fuese tan importante ni tan sensible. Nunca más tomaría un vaso de agua a la ligera.

Al finalizar la narración de Rodrigo, Marcus tomó la palabra y nos dijo: "Todos los avances tecnológicos, científicos y espirituales se encuentran preservados en un lugar llamado Museo Creativo. Cualquiera que desee puede acceder a éste y así colaborar en el mejoramiento de la vida en su planeta. Muchos científicos deciden trasladarse a la parte física de Marte para probar sus inventos bajo esas leyes físicas, ya que todo lo que hacemos tiene como finalidad ayudar a los seres que se encuentran viviendo en el nivel más denso de existencia. Nosotros hemos vivido en la tercera dimensión varias veces y de seguro volveremos a ella, ya sea en este o en otro planeta.

Lamentándolo mucho, algunos de los mejores inventos para mejorar la vida en la Tierra, tales como los generadores de energía libre, los tratamientos naturales para enfermedades, los sustitutos de la gasolina como combustible, el uso del agua de mar como suero para limpiar el organismo, han sido evadidos sistemáticamente por los seres que mantienen el poder económico y político en su planeta. Mantienen con sus creaciones mentales las más variadas distracciones para que los Seres Humanos no tengan tiempo de reflexionar, de pensar y así no despierten. Solo una expansión de la consciencia hacia niveles más espirituales les permitirá a los humanos salir de la prisión emocional en la que se encuentran. La humanidad terrestre esta desbalanceada, poseen la tecnología para crear bombas de destrucción masiva pero todavía no tienen consciencia de su papel en la evolución universal."

Decidí preguntar: "¿Quiénes son esos seres que tienen como objetivo evitar la evolución de los seres de mi planeta? y ¿cómo hacen para pasar desapercibidos?"

De pronto el maestro se incorporó y se colocó en un lugar más alto, comprendí porqué lo hizo cuando miré a mi alrededor y vi que cientos de seres se habían ido acercando a escucharnos. Todos estaban muy atentos a lo que ocurría. Entonces el maestro nos dijo: "En el planeta Tierra han existido varias razas de seres. A lo largo de su historia, este amable Ser ha acogido a seres de raza humana, humanoides y otro tipo de seres no humanos. Han llegado de muchos lugares de la galaxia, unos buscando minerales como oro, diamante y otras piedras preciosas, otros huyendo de sus planetas por razones diversas y algunos simplemente porque deseaban completar una serie de experiencias bajo una realidad física de dualidad y libre albedrío.

Actualmente, la genética de la raza humana terrestre contiene genes de doce especies diferentes de seres. Es considerada única y tiene un potencial muy grande. Algunos de los seres que habitan la Tierra tienen un nivel de consciencia y una capacidad mental muy desarrollada, pero utilizan sus habilidades para conservar el poder y controlar. Se alimentan de la ignorancia, la apatía mental, la confusión, el sufrimiento, el caos, el dolor, la violencia, y especialmente, el miedo. Cada pensamiento y emoción humana que contenga algo de estos bajos sentimientos, aumenta el poder de estos seres. Los seres de la humanidad viven actualmente en un estado de total somnolencia y creen que los sistemas financiero, educativo, religioso, político y todas las estructuras son no solamente necesarias, sino irremplazables. Como necesitan del caos para seguir generando desesperación, crean guerras, crisis financieras, conflictos ideológicos y religiosos y toda una serie de acontecimientos con total premeditación y planificación.

Todo fue creado perfecto desde un principio en la tercera y en todas las dimensiones, pero la Tierra y otros planetas físicos pasan por etapas largas de experimentación, pasando de la Mente a la Anti-Mente y luego nuevamente a la Mente. Es decir, el ser humano se experimenta a sí mismo como lo que no es, para luego expandir su consciencia y reconocerse como lo que siempre ha sido, una parte de Dios. Por lo tanto aquellos seres denominados oscuros, están experimentándose justamente en ese tipo de energías destructivas y es gracias a ellos que otros seres pueden hacer todo lo contrario. Dios no juzga a los seres oscuros por comportarse de esta forma, están cumpliendo exactamente con el papel que les toca en el Plan Perfecto del Creador. Dios creó la dualidad para vivirla no para criticarla. Cada pensamiento, palabra y obra tiene como fuente generadora solo dos energías: amor o miedo, y sus consecuencias para la felicidad son sentidas por cada ser quien, vida tras vida, hará la mejor elección posible según su nivel de consciencia.

Estamos atentos observando como la Tierra comienza un ciclo y estos seres hacen todo lo que pueden por reclutar más almas para mantener el dominio. Debido a que el libre albedrío es inherente a los humanos, nadie puede ser obligado a nada. Quien desee llevar a Dios en su corazón y entregar su vida en amor por los demás, lo hace porque quiere. Aquél que entregue su alma en busca de fama, poder y dinero, también lo hace voluntariamente. Desde todos los confines del universo está llegando ayuda a este especial planeta en este crucial momento. Oleadas de amor y luz son enviadas constantemente en este nuevo amanecer galáctico.

Cientos de maestros de la Hermandad de la Luz han decidido reencarnar en su planeta en estos momentos y muchísimos niños han nacido con la clara misión de transformar la realidad actual en una nueva forma de vida en paz, amor y compasión. Estos niños tienen capacidades que asombran a todos los científicos, simplemente porque no tienen límites. Pueden atravesar paredes, elevarse, mover objetos, leer la mente, saber que ocurre a kilómetros de distancia, ven en la oscuridad, en resumen: están completamente despiertos y la consciencia colectiva de estos niños está produciendo un salto cuántico sin precedentes en la Tierra. Antes de juzgar, comprendan que todos los participantes forman parte de este aprendizaje. Todo lo aquí explicado está dentro del Perfecto Plan del Supremo, por lo tanto, todo lo que están experimentando está dentro de Su Amor.

El diablo como un ser separado de Dios solo existe como parte de Matrix, es fruto de la poderosa energía del pensamiento colectivo de toda la humanidad. Nada existe fuera del Absoluto, la imagen del infierno con sus demonios es una creación de los seres humanos. Las consecuencias de la denominada rebelión de los ángeles caídos, es simplemente la posibilidad de vivir todo lo relacionado a dicha situación, no es para ser juzgada como buena o mala. Tal y como les dije hace unos meses, esta rebelión le otorgó a todo el universo, la grandiosa posibilidad de crear algo nunca visto, estamos presenciando una creación nueva original que no hubiese podido ser sin el paso por la total oscuridad. Al final todos formamos parte de Dios, somos Dios experimentándose a Sí Mismo nos demos cuenta o no. No existe nada que pueda dañarte, a menos que tú lo creas así. Elegimos formar parte de este juego, decidimos día a día que papel deseamos representar y todos somos importantes e irremplazables.

Cuando en el principio decidimos participar en el juego del libre albedrío en una realidad física dual, sabíamos que unos debían hacer el papel de los malos y otros el de los buenos de la película. Los malos están haciendo muy bien su parte, agradezcámosles su entrega, pero nosotros también podemos hacer muy bien la parte del libreto que escogimos. Tarde o temprano todos llegamos a aceptar que somos Uno. El futuro de la humanidad será una vuelta a un paraíso terrenal tan hermoso que los ángeles desearán bajar del cielo."

Todos nos quedamos muy impresionados por sus palabras, sentí mucho amor y compasión de parte de los seres allí reunidos. Aquello nos haría reflexionar mucho acerca del rumbo de nuestra querida Tierra. Nos despedimos agradeciendo de todo corazón la hospitalidad de nuestros nuevos amigos y subimos nuevamente a la nave. Kalian nos acompañó al centro multiplanetario y nos despedimos de él agradeciéndole su amabilidad y su dedicación en mostrarnos su planeta.

El maestro nos comunicó que culminaría esta nueva etapa de aprendizaje con un viaje y el maestro Shanid le hizo saber que harían la excepción de recibirnos una vez más en la pirámide verde esmeralda. Haríamos un viaje al pasado del planeta Tierra, y llegaríamos a través de la puerta dorada donde comenzaron nuestras primeras aventuras ya que es una forma directa de llegar a dicha pirámide. Ana Emilia preguntó cuál período del pasado de la Tierra visitaríamos, pero nos contestó que sería una sorpresa. **"Mañana sábado los espero frente a la puerta dorada"**, indicó el maestro. Nos colocó nuevamente las manos en la cabeza uno a uno comenzando con Ana Emilia y finalizando conmigo, volví a sentir una fuerza que me llevaba hacia mi cuerpo físico.

Capítulo 16

Jesús

Al abrir los ojos en la habitación observé la hora, eran las 2:22 am. Luego de intentar recordar todo lo que había vivido, el agotamiento mental me venció y dormí hasta casi el mediodía del sábado. Me desperté con más energía que nunca, me sentía con mucha esperanza y optimismo. Cuando me senté a desayunar, me quedé observando la jarra de agua en medio de la mesa intentando transmitirle agradecimiento y amor, sabía que probablemente estaría energéticamente muerta, luego de pasar por tantas tuberías, pero al menos la llenaría de amor. Mi hermana pasó a mi lado y me preguntó si estaba intentando hipnotizar el agua, la abracé, le dije lo mucho que la amaba y le expliqué en palabras sencillas lo importante que era llenar el agua de agradecimiento antes de tomarla para que el cuerpo se mantuviese sano. Me respondió que le parecía bonito y que intentaría hacerlo de ahora en adelante.

No pudimos reunirnos en la plaza porque mis papás me dejaron al cuidado de mi hermana en la tarde. Hablé por teléfono con Ana Emilia que se quedó en casa ayudando a su mamá. Rodrigo vino a visitarme y estuvimos hablando de todo un poco. Conversamos acerca del período de la historia al cual nos gustaría ir. Él siempre ha sentido una gran pasión por los egipcios, tiene un enorme afiche con las pirámides de Egipto en su cuarto, así que manifestó que le gustaría ver cómo construyeron las pirámides, aunque ya sabía que no habían sido realmente ellos sino los atlantes. Pensamos que a Ana Emilia quizás le hubiese gustado la civilización de la que Kalian le habló donde fueron maestros del sonido. Yo disfrutaría averiguar más acerca de la vida de esos primeros humanos que vivían en el paraíso, sus costumbres, su forma de alimentarse y que pasó para que eso se destruyera. Llegada la noche, Rodrigo partió a su casa y yo me apuré a dormir.

Recé a Dios pidiéndole mucha luz para comprender todo lo que estaba viviendo, mi Fe se había fortalecido, estaba decidido a hacer Su Voluntad y en esta vida quería entregarle mi alma cada noche para que se convirtiese en mi guía. En el mundo astral no era fácil dirigir la voluntad hacia los lugares elegidos, ni tampoco me resultaba sencillo hacer lo que mi mente decidía. A veces me encontraba haciendo cosas increíbles y muy complejas, parecían trasmutaciones emocionales de muchas situaciones. Comprendí que la manera de encontrar el camino correcto era entregarme a Dios en cuerpo y alma cada vez que salía de mi cuerpo. Luego de un rato de reflexión, comencé a vibrar de pies a cabeza me incorporé. Me tomé un momento para pedirle a Dios con todas mis fuerzas que hiciera Su Voluntad en mí, que decidía entregarle mi vida en servicio. Luego seguí las instrucciones del maestro y volando llegué a la entrada de la puerta dorada.

Rodrigo se encontraba ya cerca del maestro y Ana Emilia llegó justo después de mí, entonces él nos dijo: "Muy intensos han sido estos últimos días, necesitarán de un tiempo de reflexión para integrar todos estos conocimientos en su Ser. La humanidad está viviendo cambios radicales en todos sus niveles, el más importante es a nivel de su consciencia, una vez que alguien despierta no hay vuelta atrás.

Es tiempo de que hablen con sus familias y amigos acerca de todos estos temas, algunos los tildaran de locos y les dirán que son alucinaciones, no los juzguen. Otros les comprenderán inmediatamente porque sus espíritus se encuentran en el camino de la búsqueda sincera de la verdad. En vano intenten convencer a quien no desea cambiar, cada quien tiene su momento y no todos desean recibir información que les modifique su forma de vida. El amor incondicional es la aceptación de que cada quien es libre de escoger su camino."

Rodrigo un poco ansioso preguntó: "¿Pero cómo lograr que comprendan que cada quien crea su propia realidad y que estamos todos juntos en esto?".

El maestro sonriendo y con mucha paciencia nos dijo: "Poco a poco van a integrar en sus vida lo que han experimentado. Cuando comiencen a vivir en consciencia, aquellos que los rodean van a percibir ese profundo cambio, tarde o temprano comprenderán que cada quien crea su propia realidad.

Ya ustedes saben que todo lo que imaginan existe, en ésta o en otra dimensión, y cuando decidimos en donde enfocamos nuestra atención, en esta línea de tiempo específica, creamos o materializamos físicamente. Somos nuestras propias creaciones mentales, nos rodeamos de la realidad en la que en este preciso momento deseamos poner nuestra atención. Modificamos nuestra realidad cuando nos enfocamos en la cualidad o característica luminosa de algo o alguien, o por el contrario en su lado oscuro. Al final todo es la misma Realidad, percibida desde una infinidad de ángulos.

El conocimiento de cómo crean su propia realidad es la herramienta con la cual pueden cambiar sus vidas. Cuando decidimos aprender a jugar el juego del libre albedrío, elegimos la Tierra porque qué mejor lugar que donde exista toda una gama de posibilidades para elegir. En este caso, elegimos jugar en el nivel alto de dificultad porque nos consideramos suficientemente capaces de evolucionar, aprender y progresar allí, ya que sabemos que somos luz. Aunque el inconsciente colectivo de la humanidad es muy poderoso, creemos que no podemos hacer nada con nuestro pensamiento individual, pero esto no es así. Imaginen que la consciencia colectiva de la humanidad es un jarrón de agua, cada persona que despierta es como una gota de tinta azul ultravioleta que cae allí tornando toda el agua allí contenida un poco más azul. Cada pensamiento consciente en amor afecta de manera inimaginable a toda la humanidad, pero nos han inculcado que no podemos hacer nada, que es demasiado grande para luchar. El mayor descubrimiento es que no hay nada en contra de lo que luchar, siendo nosotros mismos ya logramos el cambio.

Recuerden siempre: No somos víctimas de los que controlan matrix, si así se ven a ustedes mismos entonces llegan a la conclusión de que no son responsables, aunque sí lo son. Aquéllos que eligen el camino de la oscuridad han sido valientes maestros para nosotros. Cada quien decide en que realidad vivir, y nadie puede ser obligado a aprender rápido o lento, no existe una manera buena o mala, correcta o incorrecta, lo que ocurre es que al no estar alineados internamente ocurre un desequilibrio. Siendo coherentes con su verdad interna, con aquello en lo que ustedes creen y lo que les hace felices, se produce un alineamiento entre el cuerpo, la mente y el espíritu. El conocimiento libera, y eso es justamente lo que ustedes van a comenzar a hacer. Hoy atravesarán la puerta dorada y contemplarán a Jesús en sus primeros años". Sentí ardor en el pecho, mi felicidad era tal que un fuego me quemaba por dentro, esto era mucho más de lo que hubiese esperado, ni siquiera me lo había planteado porque no pensaba que fuese posible. Mis amigos parecían tan emocionados como yo.

El maestro prosiguió: "El auto otorgamiento de Cristo el Creador le permitió vivir en la carne y sentir un gran rango de emociones humanas, también conoció personalidades diversas entablando conversación con cientos de razas diferentes. Durante los años de su adolescencia hasta el comienzo de su ministerio viajó a Roma, luego a Alejandría, estuvo en la isla de Creta, aprendió diferentes oficios y ayudó a muchísimas almas a reencontrar a Su Padre. Habló a sus semejantes de todos los temas que agitaban sus almas, intentando guiarles en su camino. Su sola presencia cambiaba la vida de quienes deseaban de todo corazón llegar hasta Dios.

Jesús vivió en consciencia en todos sus cuerpos y en todas las dimensiones, algo que ustedes han comenzado a experimentar poco a poco, y que puede ser vivido por quienes eligen expandir sus consciencias y evolucionar espiritualmente. Proclamó durante su vida que el Reino de Dios era alcanzable aquí en la Tierra y además anunció que estaba cerca". Rodrigo con cara de extrañeza intervino: "Pero ya han pasado más de dos mil años y eso es mucho tiempo, ¿cuándo se supone que llegará?" El maestro risueño contestó: "Querido Rodrigo, el tiempo es relativo a quien lo percibe, es flexible. Si tuvieses plena consciencia de tu Ser, y de sus muchísimas existencias una vida te parecería un pestañeo. Luego de muchos miles de años, el amanecer galáctico que millones de seres han estado esperando en todo el universo, el Reino de Dios en la Tierra fue anunciado por Cristo como algo muy cercano. Dentro de esta eterna experimentación multidimensional, 2.000 años son solo un momento para nuestro Ser, y Jesús le hablaba al espíritu."

Aclarada la pregunta de Rodrigo, el maestro continuó: "En aquellos tiempos, Dios era percibido como un Ser severo que castigaba a sus hijos cuando infringían las leyes emanadas de Él. La gente obedecía los preceptos de la religión por miedo a la ira de Yahvé. Pero Jesús se los dibujó totalmente diferente. Muchos no comprendieron sus palabras ya que trastocaba mucho de lo que ellos consideraban correcto o incorrecto. Pueblos enteros han sido programados por quienes controlan el matrix, y Jesús procuró darles un mensaje diferente. Dios Su Padre —les comunicó— es misericordioso, amoroso, compasivo y justo. Los pobres, los enfermos, los apartados por la sociedad, los que más sufrían, recibirán el Reino de Dios en sus corazones. Las riquezas, títulos, rituales y demás condecoraciones sociales no garantizaban el Reino de

Dios, lo único que podía hacer un ser humano para encontrarlo era vivir una vida en amor y compasión por el prójimo.

Jesús utilizó las parábolas para inducir a sus discípulos a reflexionar acerca de temas sociales, familiares, morales y religiosos muy diversos. Jesús fue el maestro del arte más importante del mundo: la imaginería, madre de todas las ciencias. Era capaz de imprimir en cada palabra de una frase, una imagen mental y transmitirla a sus seguidores. De esta forma, podía hacerlos partícipes de su sueño y así lograr traer el Reino de Dios a la Tierra. Por esto, gracias a su aparición física en la Tierra, se marcó el inicio de un nuevo camino, la posibilidad de una nueva realidad de vida. Más de 2.000 años parece un tiempo muy largo, pero recuerden que el tiempo es relativo a quien lo percibe, muchos seres humanos están finalmente internalizando las enseñanzas de Jesús y preparándose para crear una nueva realidad en toda la humanidad.

Ustedes van a observar al Jesús que comienza su adolescencia en medio de muchos de los retos a los que otros jóvenes de todos los tiempos han enfrentado. Yo estaré junto a ustedes en este viaje para que se hagan una idea más clara de lo que este Hijo del Hombre vivió en la Tierra."

Allí estaba la hermosa puerta dorada, con sus relieves de dibujos intrincados y sus flores de bellísimos colores que se abrían y cerraban. Luego de las experiencias en los mundos astrales, no me resultaron tan extrañas las formas geométricas que giraban unas hacia un lado y otras hacia el lado contrario mientras emitían sonidos musicales.

El maestro abrió la puerta, con la misma llave dorada y brillante que una vez yo utilicé, y nos introdujimos a través de ella. Nos ubicamos en el medio del cuarto de paredes circulares, en el centro giraba la esfera de luz. Entonces el maestro nos dijo que el gran libro de la historia de la humanidad era una copia exacta del que se encontraba en la pirámide verde esmeralda, y que esa era la conexión que nos permitiría entrar en ella. Esta vez la inscripción que había en el libro me pareció menos complicada, nuestras experiencias multidimensionales permitieron que nuestras consciencias se expandieran. Ahora cobraban un mayor sentido las frases: los siete planetas y siete principios, los diferentes estados de la materia y del espíritu.

La estrella de cinco puntas en la carátula del libro también representaba al Merkaba, y comprendí que el ojo viviente metido dentro del triángulo simbolizaba al Yo Superior. Apoyamos nuestras manos en la estrella como el maestro nos indicó y nos dejamos envolver nuevamente por su poder de protección.

Un remolino de luz nos envolvió y sentí cómo me elevaba hacia el firmamento, haces de luces de colores pasaban a nuestro alrededor. Atravesamos la pirámide verde esmeralda y llegamos a una sala muy oscura donde de pronto todo se aquietó y comenzó a aclararse. Como quien enfoca el lente para la proyección de una película, nuestros ojos se acostumbraron al escenario poco a poco.

Frente a nosotros había una casa de estructura de piedra. Mientras nuestra vista recorría el paisaje, el maestro nos hablaba: **"Esta es la casa de Jesús. Al lado hay otra edificación en donde guardan los animales. Detrás de la casa hay un tejado que protege el horno y el molino para moler trigo, allí se encuentra ahora Jesús ayudando a su madre."** En un instante nos encontramos frente al molino y todos vimos a Jesús.

No importaba si estábamos viajando en el tiempo o si era un sueño, lo que yo sentí en mi corazón fue indescriptible. Aunque parecía un joven normal de unos 10 años, irradiaba intensamente amor y paz, traspasando los límites del tiempo y del espacio, y esto fue lo que sentimos claramente en nuestra alma. Entonces ocurrió algo extrañísimo, mientras la madre de Jesús hacia girar el molino, Jesús echaba el grano y, al percatarse de nuestra presencia, paró su labor, miró hacia nosotros y sonrió. Fue solo un instante, Él sabía que estábamos allí, y no dudé en comprender que era nuestro Creador quien allí se encontraba ayudando a su madre.

"**Luego del nacimiento de Jesús, María y José tuvieron otros hijos**", dijo el maestro. "**Primero nació Santiago, luego Miriam, José, Simón, Marta, Judá, Amós y Ruth.**" Como quien observa una película comenzaron a pasar frente a nuestros ojos imágenes de Jesús: en unas, se hallaba sentado en el piso junto a sus padres y hermanos comiendo alrededor de una mesa baja de piedra; en otras, ayudando a su padre en el taller de carpintería que se encontraba al lado de la casa y también, junto a otros jóvenes en un lugar que parecía una escuela o jugando con amigos bailando y cantando.

Se detuvo la secuencia en una escena en la que Jesús, con la pequeña Ruth en sus brazos, enseñaba a sus hermanos a rezar y les hablaba acerca de Dios Padre diciéndoles que podían expresarse individualmente en sus oraciones sin necesidad de repetir frases de memoria. El maestro nos dijo: **"Cuando Jesús tenía 14 años, su padre murió en un accidente de trabajo. De la noche a la mañana, este extraordinario joven tuvo que tomar el lugar de José en el sostenimiento económico del hogar y en la crianza de sus hermanos pequeños. Aquí les está enseñando a rezar, intentando que fuese un encuentro íntimo con Dios Padre, pero al final sus hermanitos repetían las palabras de Jesús. La oración del Padre Nuestro que hoy en día recitan es muy diferente a la original. Les sugiero que reflexionen acerca de frases como: "perdona nuestras ofensas" que implicaría a un Dios capaz de ofenderse, separado de ustedes mismos; o "líbranos de todo mal", que se interpreta como si no fuésemos responsables de** nuestras vidas, y que el mal estuviese allá afuera. Sean sus propios maestros, creen sus propias oraciones, vivan sus propias vidas y no las de otras personas, eso es lo que Jesús hubiese querido.

Debido justamente a la muerte de José, Jesús no solamente se desarrolló en el papel de hijo y de hermano, sino en el de padre y compañero de María. En esta única vida entre los hombres, Él vivió una adolescencia muy difícil, trabajando arduamente y apoyando económica y moralmente a toda su familia. Poco a poco, sus hermanos crecieron y luego de culminar sus estudios aprendieron el oficio de carpintería para ayudar en las finanzas de la familia. Las hermanas de Jesús fueron instruidas en la casa ya que las mujeres no asistían a la escuela. Su hermano mayor procuró siempre enseñarles todo lo posible, intentando equilibrar esa lamentable costumbre. Ellas colaboraron también en su momento a las finanzas del hogar, trabajando como costureras u ordeñando leche para venderla a sus vecinos."
Nuevamente observamos varias escenas: en unas, Jesús leía las escrituras en el púlpito de la sinagoga los sábados;

en otras, trabajaba en un taller de reparaciones; y en otras, se le veía hablando con alguno de sus hermanos o hermanas aconsejándoles en cualquier inquietud que tuviesen.

Luego se detuvieron en una escena de Jesús en un viaje junto a su hermano Santiago y el maestro relató: **"Jesús y Santiago se encontraban de viaje hacia Jerusalén para la celebración de la Pascua; años antes José lo había llevado a Él, y en esta ocasión, Él llevaba a su hermano menor, cumpliendo con sus deberes de padre. En el camino fueron a Betania y celebraron la cena Pascual junto a sus amigos Marta y Lázaro. Al día siguiente asistieron a los oficios en el templo de Jerusalén y Santiago fue recibido en la comunidad israelita. Allí hablaron de muchos temas tanto cotidianos como religiosos y Santiago se asombraba de que las palabras de Jesús, en muchos casos, contravenían las enseñanzas y costumbres religiosas. Jesús no aprobaba los sacrificios animales, ni las costumbres que implicaran aplacar la ira de Yahvé por medio de estrictos rituales.**

Ya a sus 21 años, Jesús de Nazaret, comprendía toda la obra que tenía por delante. Desde niño fue poco a poco internalizando su doble personalidad como hombre y Creador, la comunicación con su Padre en el Paraíso desde niño fue directa, tanto que a sus padres les asombraba la manera en que se dirigía a Dios.

Cumplió con todas sus responsabilidades terrenas a la perfección y reveló el Padre Universal a todas sus criaturas, permitiendo una mejor comprensión de su naturaleza amorosa y justa. El Hijo del Hombre experimentó la entera gama de emociones humanas, vivió en carne propia los deseos e impulsos igual que todo joven y logró llevar una vida ejemplar. Muchas mujeres y hombres sintieron un sincero amor por este hombre que dio su vida por la humanidad.

La última imagen que veremos es el momento del bautismo de Jesús. Al cumplir los 31 años, un día anunció sin preámbulo alguno que había llegado su hora. Salió de su lugar de trabajo, encontró a sus hermanos Santiago y Judá y les

anunció que se dirigirían al encuentro de Juan, el Bautista."

Entonces, presenciamos una escena en donde había cientos de personas en filas esperando su turno para ser bautizados en el Jordán. Los tres hombres esperaron pacientemente su turno. Jesús se notaba muy sereno, observaba a todos a su alrededor y sonreía. Cuando Juan reconoció a Jesús le dijo: "¿Por qué bajas tú al agua para bautizarte, si debo ser yo quien necesita ser bautizado por ti?" Pero Jesús le susurró a Juan: "Debemos dar el ejemplo a mis hermanos que están aquí junto a mí, para que la gente pueda saber que ha llegado mi hora".

Luego de bautizar a Jesús y a sus hermanos, Santiago y Judá, Juan le pidió a la multitud que volviera al día siguiente para continuar con los bautismos. Mientras Jesús, sus hermanos y Juan se encontraban parados dentro del agua, escuchamos un extraño sonido y una aparición sobre la cabeza de Jesús exclamó: "Este es mi Hijo amado en quien tengo complacencia". El semblante de Jesús cambió por completo, salió del agua en silencio y apartándose de ellos se dirigió a las colinas. Juan se le acercó y le dijo: "Ahora estoy seguro de que tú eres nuestro Salvador". Jesús no pareció dar respuesta alguna, simplemente continuó su camino.

El maestro entonces nos dijo: **"Luego de este suceso, nadie volvió a ver a Jesús durante cuarenta días."**

Nos quedamos allí, viendo a Jesús hasta perderse en las colinas. Hubiese dado cualquier cosa por seguirle durante todos sus años de predicación, pero nos llegó la hora de regresar. No hubo necesidad de que el maestro lo indicara, nos tomamos de las manos y entramos de nuevo en un remolino de luz.

A diferencia de los viajes anteriores, volvimos al salón circular dentro de la puerta dorada. El maestro pronunció sus últimas palabras: **"Ha culminado una nueva etapa en la expansión de su consciencia. Jesús les guiará en su camino. El Amor de Dios es la única forma de salir de la matrix, ya que es lo único real, es la forma de vivir el Reino de Dios en la Tierra. Es tiempo de oración por el futuro de la humanidad."**

Un resplandor me cegó por un momento y al abrir los ojos ya me encontraba en mi cama. Lo primero que haría al despertar sería abrazar a mis padres y a mi hermana, finalmente les contaría toda mi aventura. Con la imagen de Jesús sonriéndome, me dormí.

Fin

Actualmente la autora ofrece cursos online y charlas presenciales de expansión de la consciencia para jóvenes y adultos y pronto publicará la continuación de este libro.
@viajesdenacho